U0502640

协同网络

数智经济下的产业共同体

汤明磊 著

中国科学技术出版社

·北京

图书在版编目（CIP）数据

协同网络：数智经济下的产业共同体 / 汤明磊著
. — 北京：中国科学技术出版社，2024.7
ISBN 978-7-5236-0674-2

Ⅰ．①协… Ⅱ．①汤… Ⅲ．①网络经济－研究 Ⅳ．
① F49

中国国家版本馆 CIP 数据核字（2024）第 087544 号

策划编辑	何英娇　王碧玉	责任编辑	孙　楠
封面设计	东合社	版式设计	蚂蚁设计
责任校对	吕传新	责任印制	李晓霖

出　　版	中国科学技术出版社
发　　行	中国科学技术出版社有限公司
地　　址	北京市海淀区中关村南大街 16 号
邮　　编	100081
发行电话	010-62173865
传　　真	010-62173081
网　　址	http://www.cspbooks.com.cn

开　　本	880mm×1230mm　1/32
字　　数	198 千字
印　　张	10.25
版　　次	2024 年 7 月第 1 版
印　　次	2024 年 7 月第 1 次印刷
印　　刷	北京盛通印刷股份有限公司
书　　号	ISBN 978-7-5236-0674-2/F·1244
定　　价	79.00 元

中国在这一轮的数字经济发展浪潮中的表现不输欧美，我们实际上是站在了第一梯队，很多企业的创新点非常多，但我们离万亿美元市值的平台还有距离，"变道"超车的核心还是对我们中国特色数字经济平台的理解、总结和实践。明磊的这本《协同网络：数智经济下的产业共同体》从产业共同体视角看中国国情下数字经济在产业进化中的具体实践，总结了"根、叶、花、果"等产业互联网平台模型，推荐产业和互联网行业的朋友们一读。

——管清友　知名经济学家，如是金融研究院院长

明磊提炼了丰富的人生经历，把数智时代产业协作网络的发展具象化，旁征博引，形成一本诚意之作——《协同网络：数智经济下的产业共同体》！

数字经济让工业时代的本位主义不再可持续，消费者追求多元、个性、快反的需求，倒逼生态网络追求协同，但企业如何找到新的定位？我喜欢书中关于产业互联网的业务与能力整合框架，能帮助企业经营者转型制胜。

——陈威如　中欧国际工商学院战略学教授，《平台战略》作者，菜鸟网络前首席战略顾问

相信下一个十年中国会出现一批伟大的 to B 公司，作为 to B 的客户端，中国企业的数量超过很多欧洲国家 C 端用户的数量，中国 to B 的产业场景和产业应用也是中美角力的重要胜负手之一。

作为明磊的师兄，我一直能感受到他的努力和坚守。他多年学习、思考、研究形成的《协同网络：数智经济下的产业共同体》为大家呈现了中国产业数字化 to B 平台的增长路径、运营机制和组织能力，并且总结了"根、叶、花、果"的平台模型。相信这些内容会为 to B 企业做深做大产业有所裨益。

——盛希泰　洪泰基金创始合伙人董事长

《协同网络：数智经济下的产业共同体》一书由明磊兄精心撰写，在当代快速演变的数字经济时代，为我们提供了一扇观察和理解数字化转型及其对产业协同的深刻影响的窗口。本书不仅仅是对当前技术趋势的解析，更是一部关于如何在数字浪潮中寻求和把握机遇的实战指南。总体而言，本书是一部极具启发性和实用性的作品，适合希望深入了解数字经济和产业协同的业界专业人士、投资人及创业者阅读。明磊兄通过翔实的案例分析和专家访谈，向我们展示了如何利用云计算、人工智能等前沿技术赋能实体经济，推动产业数字化转型。本书不仅是对现有商业实践的一次深刻反思，也是对未来可能发展的一种大胆预测。推荐《协同网络：数智经济下的产业共同体》给所有在数字化时代寻求突破与创新的读者。这不仅是一本书，更是一场关于未来商业形态和协同创新的思想旅程。

——吴世春　梅花创投创始合伙人，《心力》《自适力》作者

这本《协同网络：数智经济下的产业共同体》给人以全新的视角：数智经济不是某个个体问题，也不是单个企业问题，而是整个产业相互交织的协同网络效应。B to B 是深山通天路，我们既需要坚信人工智能（AI）、数字化等技术红利的长期价值，更需要坚持"小步快跑"和"小快轻准"地将技术与实体经济充分融合的短期实践。

——叶军　阿里巴巴集团副总裁，钉钉公司总裁

从增量开采到存量博弈，从人口红利到人心红利，在商业极度内卷时代，唯一破局的方法就是反内卷，从竞争到协同就是反内卷的有效路径。明磊的《协同网络：数智经济下的产业共同体》不仅包含大量对于下一个十年产业数字化的趋势预测和规律总结，还有对上一个十年消费数字化的精彩论述和深度洞察，无论你的专业背景如何，只要你对中国的数字商业感兴趣，这本书都能提供相当多的干货和有趣的见解和知识。

——江南春　分众传媒创始人

未来一定是消费互联网和产业互联网双轮驱动的世界，拥有数字经济，才能占据下一个十年甚至更长时间竞争发展

的制高点。

智行合一的愿景成为全球数智化转型值得信赖的伙伴，长期陪伴客户成长成功，使命是让商业更高效更智能，明磊是数字经济领域的大 V，也是资深的产业互联网投资人和研究者，这本《协同网络：数智经济下的产业共同体》更像是一本产业互联网人的"红宝书"，从形态分类、业务层次、阶段演化和核心要素等不同维度细致入微地拆解了产业互联网平台的战略之道，是 to B 人不容错过的战略手册。

——肖利华　阿里巴巴集团原副总裁，阿里云研究院原院长，智行合一创始人，清华大学博士后，中科院博士

最好的竞争是回避竞争或者是超越竞争，用赋能团结的产业互联网思维，建立数智经济时代的产业共同体，就是超越竞争的具体路径。消费互联网注重广度，产业互联网注重深度，消费互联网是流量思维，产业互联网是流量 + 供应链思维，消费互联网已经非常成熟，产业互联网才刚刚开始。我认识明磊多年，他一直在产业互联网领域坚持研究和思考，很善于总结其中的"公约数"，有着深度独特的提炼和优美流畅的文笔，希望这本《协同网络：数智经济下的产业共同体》能启发大家探索产业互联网平台背后产业共同体的建立之道，不错过产业数字化这股巨大的时代浪潮。

——汪建国　五星控股集团创始人、董事长，汇通达创始人、董事长，孩子王创始人，董事长

产业互联网通过连接、共享、赋能，实现供需匹配和网络协同，打造共生共赢的产业共同体，推动产业的数字化转型和提质增效，这是当前产业穿越经济下行周期的重要手段，能为产业高质量发展提供新的动能，创造新的生态。汤明磊先生的《协同网络：数智经济下的产业共同体》一书，以深刻的洞察力、丰富的行业经验和雅俗共赏的语言为我们描述了产业互联网发展的未来蓝图。本书还为读者介绍产业互联网的分类、核心要素、发展模式、发展路径和政策环境，并分享了产业互联网的投资人和创业者的经验和观点，对于产业互联网的从业者、投资者、研究者来说，都是一本不可错过的书。

——赵昌旭　欧冶云商原党委书记、董事长

复杂的经济形态表象背后，往往藏有更复杂的逻辑。明磊所关心的，不仅仅是产业数字化的问题，而是更高维度的数字经济赋能产业的问题，更是如何解决中小微企业产业出路的问题。本书立足对经济活动的探索，竭能归纳了生动清晰的"协同网络"思维，只要厘清复杂的逻辑，我们也就驶入了通往数实融合之路的快车道。

——王挺　国联股份董事兼高级副总裁

作者深刻洞察数字经济时代产业发展，以丰富的实战经验和前瞻的视角，系统阐述了产业数字化的必然趋势及其协同网络的构建和发展。作者结合实际案例,详细剖析了消费数字化与产业数字化的横轴与纵轴,为企业在数智化浪潮中如何进行创新与变革提供了宝贵的指导。本书是企业管理者、投资人以及关注数字经济发展的读者不可错过的佳作。

——丁德明　京东工业副总裁

　　当前,数字经济蓬勃发展,工业企业对供应链数字化转型升级的需求持续放大,为产业互联网快速发展创造了良好的条件,随着人工智能、大模型应用不断深入,产业互联网为工业企业提供"平台 + 资源 + 工具"的服务能力持续增强,从而反向赋能工业企业供应链管理效能提升。标准引领、工具赋能、互联互通、协同发展、共建生态,已成为行业共识,汤明磊先生作为产业互联网领域从业者,有着投资、研究和服务产业互联网多年的经验,对 to B 平台模型、演变、分类及发展有着深度思考,《协同网络:数智经济下的产业共同体》一书,既从理论角度对产业互联网模式及发展路径做了精辟的阐述,又通过与行业投资人、创业者深度对话,从实践角度给读者以启发,对于从事产业互联网领域的人群,是一本不容错过的好书。

——沈中祥　中石化易派客执行董事

　　最近几年,随着消费互联网大潮的渐次退去,产业互联网正成为新的热点,一大批行业精英纷纷下海创业,要打造中国版的 SalesForce、固安捷，或者产业互联网领域的"阿里巴巴"。但产业互联网领域的探索却非易事。这个探索过程和《桃花源记》中的描述倒有点像，"初极狭，才通人。复行数十步，豁然开朗。"大多数创业者都在寻找"桃花源"的入口，或者在极狭的通道上徘徊。明磊兄的这本《协同网络：数智经济下的产业共同体》即是"产业互联网"领域的《桃花源记》，不但从理论的角度分析了产业互联网方向和路径，还请投资人和行业先行者倾囊相授了经验技巧。拜读之后，深受启发。希望更多和我一样的产业互联网参与者，能够从这本书中汲取智慧，一起将理想变为现实，创造产业互联网的"桃花源"。

——陶锋　云筑（中建电商）董事长

书中的很多观念引起我们这些产业互联网的实践者共鸣，比如利他，传统产业竞争是构建核心 KH（Knowhow）并且封闭排他，产业进展是缓慢的，社会资源浪费很大，而产业互联网是利他，就是要把产业核心 KH 进行萃取并赋能，并推动产业快速进化和迭代！这样的产业集群快速崛起对我们国家综合竞争力的提升有非常大的价值和意义。有志于产业互联网的人士都应该读读这本书，在实践中验证！

——金立国　怡合达董事长

作为产业互联网上市公司的掌舵人，我深感能链在能源领域数字化征途中的创新探索与成功经验，恰与汤明磊先生在《协同网络：数智经济下的产业共同体》一书中所勾勒的产业升级蓝图不谋而合。"沙漠筑绿洲""深山通天路""江河建大坝"的形象比喻，生动传达了产业互联网建设的艰巨与长远，提醒我们应秉持务实的态度和耐心。我坚信，此书将成为每一位产业界领袖、创业者和投资人案头的必备读物。

——戴震　能链集团创始人

互联网改变商业的本质是用在线资产配置替代人力资源配置。搭建汽车产业协同生态、推动汽车产业数字文明一直是大搜车的使命，服务汽车流通商和他们的协作方一直是大搜车的初心。我认识明磊多年，他一直坚守在产业数字化的研究、投资和服务的一线，用他的提炼萃取能力和丰富行业经验为产业互联网平台提供有价值的思考和建议，这本《协同网络：数智经济下的产业共同体》更像是产业互联网领域的"红宝书"，值得产业互联网从业者和产业从业者一读，带动大家一起思考产业协同生态的内部规律。

——姚军红　大搜车创始人

过去，我们致力于将安装软件 SaaS 化，未来，我们要从产业趋势、协同网络的视角重做新一代数字化系统，这本书为我们提供了全新的思考框架！

——纪伟国　北森创始人、董事长

在数智经济的全球性浪潮中，产业数字化对中国经济的高质量发展事关重要，这是一个价值巨大但做好很难的领域。明源云深耕不动产行业数字化27年，对此深有体会。明磊在产业数字化等相关领域有多年深度研究和洞察，并和业内众多领军企业的创始人进行了深入探讨和交流，相信这部新作能为致力于推动数智化和产业融合的读者带来全新的视角和启发，特别推荐给大家。

——高宇　明源云创始人、董事长

明磊兄弟是我非常钦佩的一个人，他有着博士扎实的理论功底和研究能力，有着投资人敏锐的视角和实战能力，有着超越年龄的沉稳、睿智与谦逊。在我发起的天使成长营和进化家，明磊都是最受同学们欢迎的导师之一。相信在明磊和各位有识之士的推动下，产业数字化这个大课题，我们的国家会完成得更好。

——徐勇　天使成长营发起人，中关村天使投资联盟
副主席秘书长，AC 加速器＆进化家创始人

数字化、网络化，到当下的 AI 智能化三浪叠加，先后不断融入各个产业，让每一个产业更加清晰轻盈高效地流动循环起来。

《协同网络：数智经济下的产业共同体》一书正是明磊在这波产业数智大潮中，亲身经历观察积累起来的经验之作。

明磊用他多年创业和投资的专业视角，深入浅出的文字和案例，总结出一套从理论到实践、有共同点也有个性化的有效方法论。

本书讨论的是数字经济如何赋能产业，《协同网络：数智经济下的产业共同体》会赋能给各个产业的创业者、从业者，帮助他们成为产业的变革者、引领者。

——童玮亮　梧桐树资本创始合伙人

校长在《协同网络：数智经济下的产业共同体》一书中以系统的理论和丰富的案例，深入探讨了数智经济时代产业数字化转型的核心问题。书中详细阐述了如何通过协同网络实现高效的产业协作，重构消费、生产和流通的各个环节。该书从横纵两方面对消费数字化的协同和产业数字化的协同做了深刻的理论解析，并通过具体案例展示了这些理念在实际操作中的应用，为读者提供了可操作的实践指南。值得一提的是，在保证专业度的前提下，本书仍能做到行文流畅、娓娓道来，值得伏案阅读。

——李亚平　致景科技（百布）联合创始人、高级副总裁

《协同网络：数智经济下的产业共同体》使各界都逐步感受到了产业互联网价值，与我们所研究的提升"全产业链协同效率、全要素生产率和全场景服务能力"不谋而合，也与发展新质生产力，培育具有国际竞争力数字产业集群的战略

深度共鸣。明磊用热爱将他的感悟形成文字，并汇集成图书，很值得我们点赞学习。

——郑敏　亿邦动力创始人

产业数字化、产业互联网、产业元宇宙的前缀均是"产业"，产业发展的核心在于寻找到"价值"这一商业本质的钥匙！商业创新的目的是降低信息交流和信用传递的摩擦力。因此，产业的互联是要达到的状态，数字技术是手段，提升资源匹配的能力和水平是目标，协同网络即多边市场需要新的载体：产业互联网平台！

——张健　新质云起创始人、中国信息协会
产业互联网分会副会长兼秘书长

有幸成为汤明磊新作的第一批读者，粗览内容就压抑不住激动。始于消费端的数字化正在重构产业链上游，其终极目的是成就一个全新的数智化的商业时代。无疑，我们就走在这条前往新时代的路上。从业 20 多年，我很少见到如此专注，如此冷静地观察与思考，并如此深刻理解产业数字化的行业专家，他的新作值得隆重推荐，认真阅读！

——刘宁波　托比网创始人

序　言

三十岁那年，我特别焦虑，常常整夜睡不着觉。尽管，那时候的我，在别人看来，还挺"红"。

在这之前的四五年时间里，我创建的"闯先生"于2015年入选科技部众创空间名单，发起过行业内具有一定影响力的"垂直加速营"，担任过百亿元风险基金的投资合伙人，收获过几十倍回报的天使投资项目，接受过各种媒体的采访报道。但在我的认知里：三十岁之前可以逞虚名，三十岁之后务必求实事。过了三十岁，如果我还没干成过什么"大事"，那就要步入"平庸"的中年了。然而，我身处创投圈，每天都有新事件，每月都有新概念，每年都有新赛道，能抓住什么，能留下什么，根本不得而知。

我像一台疯狂加载应用程序（App）的手机，App上不断弹出的消息早就淹没了操作系统本身，剩下的只有应接不暇。直到三十岁来临前的一个月，我把自己关在房间里，屏蔽了一切工作和社交活动，决心给自己做一个"十年规划"。"十年规划"的最终结论是在下一个十年"All in"（全力以赴）一件事——产业数字化。

做十年规划这件事，我是经过深思熟虑的。既因为我认识到我们永远高估一件事的短期变化，而低估一件事的长期变化；也因为我领悟到把标尺拉长，才能真正屏蔽外界的很多干扰信息，真正审视自己的内心。我到底希望自己成为一个什么样的人？我到底在人生的长河里追求什么？马斯洛把人的需求分为5个层次，其中最高的层次是自我实现。经过解剖和审视，我发现自己最大的成就感源自在轰轰烈烈的"群体实现"大潮中去完成"自我实现"。当时，在我感兴趣且正在进行研究的方向里，还有什么比投入协助推动产业完成数字化更加宏伟的"群体实现"呢！

一切技术都是服务于产业的工具。互联网和产业的关系，像豆科植物和根瘤菌、白蚁和多鞭毛虫、榕小蜂和无花果、小丑鱼和海葵一样，是一种深度的互利共生关系。我们大量的产业，正迎接着数字化、网络化、AI智能化"三浪叠加"的巨大数智浪潮。

上一个十年，消费互联网像蓝鲸，实现产业需求侧的数字化，搅动流量江湖，以规模论英雄，重构人货场，改造着衣食住行；下一个十年，产业互联网像穿山甲，实现产业供给侧的数字化，融通产业坚冰，以效率见真章，重构物机件，改造着工农商建。消费互联网建立的是一家独大的中心化的规模网络，产业互联网建立的是共生互利的分布式的协同网络。

数字经济赋能产业的过程，是碎片化的需求被集结、闲置化的供给被利用的过程，是产业上下游广泛的C端（需求端，消费者）、B端（销售终端和多个中间流通服务环节端）和F端（生产端、供给端和原料端）建立协同网络的过程。

相对于追求个体的效率，协同网络的现实意义就是追求集体和共同体的效率。在企业里，员工是个体，企业是员工组成的共同体，当员工的效率发挥到极致时，企业的效率会不会随之提升？在产业里，企业是个体，产业是企业组成的共同体，当企业把成本压到最低时，整个产业的成本会不会增加？很多时候，局部的最优带来不了全局的最优，要解决产业的问题，就要站在产业超个体的角度而非企业个体的角度，去谋篇布局。

2024年1月4日，国家数据局会同中央网信办、科技部、工业和信息化部等17部门联合印发《"数据要素×"三年行动计划（2024—2026年）》。该文件指出，构建以数据为关键要素的数字经济，是推动高质量发展的必然要求。从"互联网+"到"数据要素×"，从数据确权到资产入表，在数智化与产业不断融合的过程中，数字经济也将成为继农业经济、工业经济之后的主要经济形态。

在数字经济的两大板块中，产业数字化占数字经济比重的80%以上，是数字产业化的4倍。而产业互联网则是产业数字化最佳的实现载体和平台形态，产业互联网无疑会成为数字经济的主战场，产业互联网的意义在于，它既是全国统一大市场的产业实现路径，也是中国经济高质量发展的产业解决方案，还是产业集群2.0线上数字集聚形态的产业招引抓手，更是中小微企业的产业现实出路。

消费数字化的终局是形成人群数字共同体，产业数字化的终局是形成产业数字共同体,消费互联网和产业互联网的连接就是两个共同体之间的连接,数字共同体的连接才能更好地促进流量协同、产能协同、金融协同和履约协同,才能更好地推动全国统一大市场下的经济内循环,才能使中国成为全球经济的路由器,更好地协助中国优质供应链和产能出海。

本书分为五章,第一章"为什么需要协同网络"总览式地带大家了解了数字经济带来的协同效应;第二章"协同网络的横轴:消费数字化的协同"带大家回顾消费互联网时代,数字经济重构需求端的分化、演变和协同;第三章"协同网络的纵轴:产业数字化的协同"向大家介绍在产业互联网时代,数字经济造就产业数字共同体过程中的平台形态、差异、特色和模型;第四章"投资人的淬炼:和 to B 投资人的对话"收录了我和 6 位知名一线机构投资人关于数字经济的深度对谈;第五章"创业者的深思:汤明磊对话 to B 创始人系列"则整理了我对 6 位上市公司和独角兽平台创始人的翔实访谈。全书的初衷是抛砖引玉,希望引导大家思考如何有效利用数字化、云计算和人工智能赋能产业实体经济,理解产业数字化乃至产业数字大脑是如何形成、成长和发展的。

我曾经做过一个比喻:做 SaaS[①] 是沙漠筑绿洲;做 B to B[②]

[①] SaaS 的全称是 Software as a Service,软件即服务。——编者注

[②] B to B 的全称是 Business to Business,企业对企业电子商务。——编者注

是深山通天路；做工业互联网是江河建大坝。数智化和产业的融合，并不是一蹴而就的，而是需要我们做对一系列小事，耐心地和时间做朋友。

每个人的力量都是渺小的，每个企业也是如此。当大家通过数字化集结到一起的时候，才能真正地感受到共同体的力量。

感恩这十年以来，帮助过、指点过、提携过我的师长们，他们对我的人生目标确立、人生使命寻找、人生路径规划都起到过至关重要的作用，也希望这本书能唤起中小企业和数字化平台对于融合进化成为数字共同体的认识。祝愿读者朋友们都能在协同网络里，收获产业毛利，享受流量红利，坚持时间复利，拥抱下一个十年，耕耘下一个十年。

是为序。

汤明磊

目 录
CONTENTS

理论篇
THEORETICAL PART

对话篇
DIALOGUE PART

理论篇

THEORETICAL PART

本篇要点

为什么需要协同网络
协同网络的横轴：消费数字化的协同
协同网络的纵轴：产业数字化的协同

| 第一章 |

为什么需要协同网络

从个体到超个体：蚁群启示录

从小到大，蚂蚁和我的世界观的形成，似乎一直有着某种神秘的联系。

记忆中的蚁群

我出生在一个离嘉兴市图书馆很近的四合院里。幼年最深刻的记忆是在图书馆外蹒跚学步时，斑驳的树荫下，一群群体型巨大的黑蚂蚁在台阶下、树皮上穿行的场景。

长大后，影响我世界观的第一本书来自小学六年级接触到的《细胞生命的礼赞》（*The Lives of a Cell: Notes of a Biology Watcher*）。我曾经开玩笑说，如果人类要移民火星，每个人只能带一本书，我会带上它。这是一本 1974 年由耶鲁大学医学院院长刘易斯·托马斯（Lewis Thomas）所撰写的青少年科普读物，其中颠覆我三观的一段话是："蚂蚁的确太像人了，这真够让人为难。它们培植真菌，喂养蚜虫作家畜，把军队投入战争，动用化学喷剂来惊扰和迷惑敌人，捕捉奴隶。织巢蚁属使用童工，抱着幼体像梭子一样往返窜动，纺出线来把树叶缝合在一起，供它们的真菌园使用。它们不停地交换信息。它们什么都干，就差看电视了。最让我们不安的是，蚂蚁，还有蜜蜂和群居性黄蜂，它们似乎都过着两种生活。它们既是一些个体，做着今天的事而看不出是不是还想着明天，同时又是蚁冢、蚁穴、蜂窠这些扭动着、思考着的庞大动物体中细胞样的成分……只有当你观看聚在蚁丘边的、黑压压盖过地皮的数千蚂蚁的密集群体时，你才看见那整个活物。这时，你看到它思考、筹划、谋算。这是智慧，是某种活的计算机，那些爬来爬去的小东西就是它的心智。"不得不赞叹刘易斯的文笔，这是我第一次接触到个体集合涌现超个体的观点，感觉被启迪了心智，当时的惊骇无以复加。

再之后进一步产生深刻印象的就是凯文·凯利（Kevin Kelly）的《失控》（*Out of Control*），书中写道："蚂蚁把分布式并行系统摸了个门清。一个蚁群也许包含百万只工蚁和数百只蚁后，尽管每个个体只是模模糊糊地感觉到其他个体的存在。蚂蚁能成群结队地穿过田野找到上佳食物，仿佛它们就是一只巨大的复眼。它们排成协调的并行行列，穿行在草木之间，并共同使其巢穴保持恒温，尽管世上从未有任何一只蚂蚁知道如何调节温度。一个蚂蚁军团，智愚而不知测量，视短而不及远望，却能迅速找到穿越崎岖地面的最短路径，蚁群就是一个并行处理机。"

这些记忆和文字都让蚂蚁在我的世界观中留下深刻印迹，

而让我对蚂蚁这个动物群体更刮目相看的信息接踵而至。

蚁群的启示

当成千上万只蚂蚁组合到一起时，看上去更像是一个生命体。整个蚂蚁巢群就好像是一个潜伏在地下的生物，巢穴是它的外壳，每一只蚂蚁是它的细胞和触手，巢穴主体深藏在地下时，这个超级生命伸出它的触手探查世界，随时准备发起肆意的进攻，一旦有威胁来临，又可以快速收缩回地下，蠢蠢欲动。蚁群会思考感知，会节约能量。科学家研究发现，哺乳动物有一个普适的规律：它们的能量消耗和它们体重的四分之三次方成正比。而经过验证发现，蚁群的能量消耗率确实和整个群落总体重的四分之三次方成正比。这是很神奇的科学成果：一只蚂蚁单独存在时，它是一个个体；一群蚂蚁集体存在时，它是一个超个体（图1–1）。

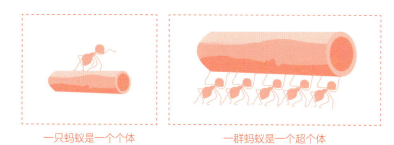

一只蚂蚁是一个个体　　　　　一群蚂蚁是一个超个体

图1–1　一只蚂蚁与一群蚂蚁

神奇的"超个体"现象在自然界比比皆是，壮美无比的沙丁鱼大迁徙也是其中之一。每年 5 月到 7 月，数以十亿计的沙丁鱼从非洲南端厄加勒斯浅滩一路向北迁徙到南非德班海域，全程 1 000 多千米。迁徙中的沙丁鱼群长约 7 千米，宽约 2 千米，深度可达 30 米，像一条巨大的黑带，在浅滩中清晰可见，甚至可以从太空中观测到，巨大鱼群像训练有素的士兵组成的超级兵团，常用整齐划一的行动迷惑捕食者，庞大的数量是它们最好的保护措施。

蜜蜂的摇摆舞和颤抖舞也是动物行为学领域中著名的通信案例。蜜蜂的社会是分工合作组建集体的缩影。在这个集体中，个体利益如此紧密地结合在一起，以至于在某些情况下，蜂巢本身就表现为一个实体生物，这种非比寻常的自组织也需要复杂的通信网络，信号相互作用并相互反馈控制群体行为，从而进化出著名的摇摆舞、颤抖舞、发出停止信号和摇晃信号等诸多复杂行为。

超个体是一个由真社会性有机体组成的超级有机体，呈现单独个体完全不具备的群体智慧，是一个天然协作、组织严密的集群，建立在利他主义的合作、复杂的沟通和劳动分工的基础之上。

科学家认为，个体通过"涌现"形成超个体。什么是"涌现"？简单理解就是整体大于部分之和；复杂的定义是随着成员数目增加，成员之间的相互作用呈指数增长，当连接度超过某一临界值时将引发涌现。比如神经元，单个神经元行为特别简单，但无数神经元组合，就涌现出神经网络下的思维和意识，无数的思维意识组合涌现出更高维度的存在，就像《阿凡达》里潘多拉星球的树联网、《西部世界》①（*Westworld*）里的超级大脑"罗波安"、《惊奇队长》中克里人的生命计算机"至高智慧"这样的存在。在原始形态下，比如《三体》里所描述的，农耕时期的帝国就通过人列计算机来模拟天体运动，预测恒乱纪元。成千上万的人手持红旗和黑旗，站成特定的阵列，每个人代表一个计算单元，通过指挥官的指令来改变旗色，模拟天体计算。未来形态下，生成式人工智能大模型，是无数人类和人工智能体作为眼耳鼻舌身意的数据喂料采集器共同贡献滋养的产物。

按照这样的世界观看世界，细胞集群涌现组织，组织集群涌现器官，器官集群涌现系统，系统集群涌现人休，人体集群涌现宗族，宗族集群涌现社会。我们是体内基因和微生物的生态系统，静止的湖泊森林山谷也像是会呼吸的生物。

连接个体与超个体的载体、促成量变到质变的桥梁就是协同网络。混沌学园创办人李善友教授在涌现创新模块的课上就曾指出，从无序到有序，从个体生命到超生命，涌现中多出来那部分是怎么"无中生有"的呢？仅有大量个体不够，一定有某种负熵机制——大量个体 × 自组织（简单规则 + 信息流 + 中心法则）≥ 涌现部分。

自组织间的协同网络涌现超个体现象，不仅在生物世界

---

① 2016 年乔纳森·诺兰执导的科幻类连续剧。

里生生不息，也已经在人类社会中经年长存，更会在成百上千的产业数字化、在线化、网络化和智能化的进程中担任最核心最重要的角色。如何创造、如何组织和如何重构产业的格局，这是本书将要讨论的主题。正如凯文·凯利所说，蚁群既代表了社会组织的历史，也代表了计算机的未来。

从离线世界到在线世界：碎片化的 C 端、B 端和 F 端

和蚂蚁一样，从黑猩猩到智人，人类也在不断依靠自组织逐渐形成人类的超个体形态——社会。在我看来，人类社会的进步指数可以约等于协作关系的广度和深度。《人类简史：从动物到上帝》（*Sapiens: A Brief History of Humankind*）作者尤瓦尔·赫拉利（Yuval Harari）在书中说过一句提纲挈领的话："历史在人类创造神的时候开始，在人类成为神的时候终结。"在基因、激素、有机体之外，人类社会的核心主线，就是意识形态、想象力和讲故事的能力。正因为语言的出现和讲故事能力的提升，人们得以以极其灵活的方式与陌生人进行大规模的协作。讲故事的能力和相信故事的能力打破了所谓的"150 人困境"（原始部落通常只能发展到上限 150 人），带来了历史的方向、金钱的味道、帝国的愿景和宗教的法则。"人类的基因演化仍然一如既往慢如蜗牛，但人类的想象力却极速奔驰，建立起了地球上前所未有的大型协同网络。"

如果说人类个体形成社会协作网络的熵减过程是体现群体智慧的最好证明，那么另一种值得引起足够警惕的，是个体智慧在线引发高速成长导致的熵增在迅速发酵壮大。信息论开创者克劳德·艾尔伍德·香农（Claude Elwood Shannon）指出，信息是降低熵的有效方式，因此为了降低熵，提高能量的利用效率，我们必须不断学习信息，然而在信息大爆炸时代，无数的碎片化信息、碎片化知识、碎片化关系越来越多地充斥着我们的生活，越来越多碎片化的信息本身导致了熵增。

随着人口的膨胀、经济的发展和技术的突破，离线的熵减与在线的熵增之间的矛盾变得越来越不可调和。数字经济是继农业经济、工业经济之后的主要经济形态。农业经济时代，"我的需求我满足"，经济以土地为核心，以产权为核心利益；工业经济时代，"我的需求你满足"，经济以资本为核心，以股权为核心利益；数字经济时代，"我的需求云满足"，经济以数据为核心，以数权为核心利益（图1-2）。

图1-2　不同经济形态的特点

我们正式开启了数字经济的在线时代，原子作为奇点引出了离线世界，比特作为奇点引出了在线世界，步入 2000 年后，人类从离线文明跃迁到在线文明，手机成了新时代人类的器官，二维码成了新时代的电插座，小程序和 H5（第五代"超文本标记语言"）成了新时代的转换头，App（Application 的缩写，应用）成了新时代的家用电器，"云"成了新时代的电力系统。

我们随时随地处于在线时代，在线交流、在线连接、在线接收和在线处理，我们彻底迎来了碎片化时代。据统计，人类的知识更新周期在 19 世纪为 50 年，20 世纪中期为 10 年，20 世纪 90 年代为 3 到 5 年。

碎片化的信息给各个领域造成了巨大而深远的变化。社会领域，新兴行业崛起、弹性工作方式和社会服务的多样化使消费者个体化工作大量产生，所有这些因素都使社会流动速度加快；经济领域，不同的收入水平、消费结构、价值理念和生活方式，消费阶层碎片化导致消费市场上多种消费形态并存；传媒领域，电视频道日益增多，广播媒体开始复兴，报纸版面无限扩张，专业杂志层出不穷，互联网的速度更是一日千里，如此迅速而声势浩大的媒介发展将消费者原有的媒介接触时间、接触习惯完全打破。

碎片化的 C 端

在社会、经济和传媒各领域的巨变之下，碎片化的 C 端应运而生。消费者有着与以往完全不一样的消费能力、消费需求、消费理念和消费审美。

我经常会和创业者朋友打趣的一个话题就是，能不能用5个形容词精准定位你的用户，一次好的消费者定位不仅能够帮助你确立对应的产品服务，更可以指导你快速地找到他们。比如"一线城市、高端小区、已婚未育、养狗的女性"，我们从中不仅可以猜出企业的服务和社区宠物托管，更可以指导企业快速地设置推出策略。

然而，这对很多成熟的创业者来说都并非易事，因为现今消费者的标签是如此多元。不同的自然属性（如性别、年龄、健康状况等），社会属性（如所在区域、家庭关系、社会关系、工作状况等），心理属性（生理、安全、情感和归属社交、尊重、自我实现），使用时间（如早、中、晚，工作日、假日等）和使用空间（如家庭、学校、公司、商场、社区、私家车等）让消费者的定义、获取、转化和留存都变得不可捉摸，随处可以获取，随处可以转化，但随处也可以消失。

碎片化的 B 端

碎片化的 B 端也应时而起。其中既包括销售终端，也包括中介商和贸易商，所有碎片化商家都成了储存流量的载体、变现流量的工具和传导流量的管道。

线上我们有数以百万计的淘宝、天猫、京东的店铺，视频号的知识博主，抖音、快手的网红，小红书、哔哩哔哩的

KOL（Key Opinion Leader，关键意见领袖），知乎、豆瓣、百度贴吧的大 V（经过平台认证、拥有众多粉丝的用户），以及各种新兴品牌的微商合伙人。线下我们有数以 3 000 万计的综合体、商场店、社区店、快闪店、店中店、经销商门店和中介组织的线下空间，这些线下门店的连锁化率大都不超过 10%，各类小店如星罗棋布般密密麻麻地分布在中国广袤的商业环境里，这里面包括了 930 万家餐厅、650 万家烟酒零售店、250 万家美业店、100 万家教育培训机构。

以生活中常见的桶装水站为例，这类为社区和办公人士提供整箱桶装水和瓶装水的小站点，往往由夫妻组成的个体户经营，老板娘负责接单记账，老板负责送水。尽管这样一个站点的店面一般不足 10 平方米，坐落在社区街边，看似微不足道，但在中国这样的站点已超过 100 万家。

再如小儿推拿，作为中医推拿的一个细分领域，在全国的门店数量就超过 30 万家，更不用说便利超市、餐饮、美业、母婴、文创、物流、宠物、水果生鲜、服装、电玩游乐、教育机构等。

除了传统意义上的 B 端，越来越多的个人也逐渐发展成为"流量单元"，网络对他们的新称谓是超级个体，有人则从 KOL 的概念里延伸出 KOC（Key Opinion Consumer，关键意见消费者）来形容他们，相比于小 B，他们像流量系统内的神经末梢，无论是医生、老师、设计师，还是月嫂、微商、导购，乃至于活跃在抖音、快手视频号上的各类知识博主、生活博主、育儿博主、美食旅游汽车博主等，都在快速建立着个人私域流量池。圈地抢人、种草收割成了不计其数的分布式流量池里的日常。

碎片化的 F 端

碎片化的用户 C 端和碎片化的商家 B 端，催生了碎片化的订单，进而造就了碎片化的生产者 F 端。

从大酒楼到连锁餐厅到网红档口再到共享厨房里的外卖隔间，餐饮的供给变得越来越碎片化；从大酒店到连锁快捷酒店到社区民宿再到共享床位，住宿的供给变得越来越碎片化；从高校教材到智库报告到网红系列课再到知识点短视频，知识的供给变得越来越碎片化。

产业广、环节多、迁移快和基建强等多重原因导致生产的碎片化趋势日益扩大。由于过度碎片化，大量 F 端的产能是广泛闲置的，大量 F 端的周转是广泛缓慢的，大量 F 端的库存是广泛存在的，产能闲置是厂家之痒，周转停滞是厂家之酸，库存积压是厂家之痛，大量 F 端在绝大多数时间里都这样又痒又痛地生存着。

从中心化到分布式：新时代协同网络的定义、价值和进化

离线文明撞上在线文明，无异于按下宇宙大爆炸的按钮，

碎片化的 C 端、B 端和 F 端喷薄而出，造就了大量信息和资源的重复、错配和浪费。地区间竞争产生的负面效应，城乡二元化导致的市场分割，传统分销体系导致的大量囤货滞销，部分领域行政配置资源的浓厚色彩，疯狂补贴下的平台运营，"割韭菜"和"薅羊毛"，"强干预"和"懒作为"，都是导致诸多信息和资源重复浪费的原因。这样的浪费，在经济高速增长的增量时代可能会被疾速奔跑下的步伐所忽视，但在经济高质量增长的存量经济时代，就显得无比严重，统一大市场的核心，也是要消除这样的资源错配，极致发挥我国超大规模单一市场的优势。

农业时代的协同网络靠点连接而成，工业时代的协同网络靠线连接而成，万物互联时代的协同网络则靠无数面连接而成，而这一切是离线世界里的工业文明时代的协同网络所无法匹配的，社会和市场比以往任何时候都呼唤新时代协同网络的出现。

什么是协同网络

阿里巴巴前首席战略官曾鸣教授认为，协同就是互动，就是连接，就是沟通。我的理解是，协同是去个体化拥抱超个体化的过程，是碎片化的需求被集结、闲置化的供给被利用的过程，是产业上下游广泛的 C 端、B 端和 F 端建立超个体的过程，其本质在于利他，把利他根植到个体的基因里，无利他不协同。在曾鸣教授看来，互联网是第一个可以作为双向和多方互动的技术，这个技术打开了社会化协作的全新闸门，过去的 20 年是在线协同网络建立的第一个阶段，所有企业的价值源泉其实都是简单的网络效应。所谓网络效应，就是一个网络的价值和使用人数的平方成正相关关系。也就是说，使用的人越多，这个网络的价值越大。物流网络是这样，通信网络是这样，贸易网络更是这样。

曾鸣教授认为协同网络就是网络协同合作机制产生的社会化协作生态。相对于工业时代的离线协同网络，互联网时代的在线协同网络具备多角色、高并发、大规模、实时化的显著特点（图 1–3）。

图 1–3　在线协同网络的显著特点

所谓多角色，指协同网络参与角色不止双边关系，由复杂分工延伸出来的角色构成；所谓高并发，指协同网络同时并行处理很多请求；所谓大规模，指参与协同网络的角色数量超出工业化时代科层制金字塔管理能力；所谓实时化，指协同网络上的多角色需求的共享、处理和分析行为永远保持实时在线。

比如维基百科，作为知识百科的协同网络，基于简单的在线编辑工具和一套非常简单的协同规则，居然在没有中央权威协调、传统命令机制的情况下，全世界的人共同合作，编辑出一个在线知识生态。

又比如抖音，商家、网红主播、拍摄团队、编剧策划、蓝 V 认证服务商、代运营服务商、私域流量转化服务商等多角色共同合作，创造出一个在线短视频生态。

协同网络的价值和进化

相对于追求个体效率，协同网络的现实意义就是重新追求集体和共同体的效率。在企业里，员工是个体，企业是员工组成的共同体，员工的效率发挥到极致，企业有没有效率的提升？在产业里，企业是个体，产业是企业组成的共同体，企业把成本压到最低的时候，会不会增加整个产业的成本？很多时候，局部的最优带来不了全局的最优，要解决产业的问题，就要站在产业超个体的角度，而非站在企业个体的角度去谋篇布局。

相对于以自我为中心进行收割式的商业经营时，协同网络的道德意义是重新追求去中心化的利他精神。在一个"我为人人、人人为我"的协同网络中，每个角色都不会吝啬奉献，因为利他是最大的自利，利他也成了自身可以继续存在的前提。我和一些企业家分享过，在数智时代，每个企业都应该尽可能调用别人的应用程序接口（API）而非自建，每个企业也应该致力于成为别人可以调用的 API，这是协同网络的终局。

相对于流水线、供应链和科层制的线性管理能力，理想的协同网络追求超大规模、超多角色协作下的规模经济，100万名设计师、1 000万名物流快递人员、1亿名小店店主……任何公司都很难直接雇用管理这样庞大体量的组织，协同网络是承载他们最好的载体。

在我看来，工业化时代的协同网络和互联网时代的协同网络是完全不同的，工业化时代的协同网络是离线的、封闭的、中心化的、线性控制的，而互联网时代的协同网络是在线的、开放的、分布式的、网状赋能的（图 1-4）。在复杂

工业时代的协同网络

离线的
封闭的
中心化的
线性控制的

互联网时代的协同网络

在线的
开放的
分布式的
网状赋能的

图 1-4　不同时代的协同网络的特点

程度上，中心化协同网络是弱于分布式协同网络的，类比于《人类简史》里 150 只猩猩的种群。未来网络要创造更大的价值，就要去创造更复杂的协同。

如果工业时代推崇的是规模经济，推崇的是大规模、标准化、流水线生产产生的低成本，那么互联网时代追求的就是网络效应。但是在接下来的 20 年，在智能商业的时代，真正的竞争将聚焦在什么样的企业，能够创造最多角色、最大规模、最高并发的协同效应。曾鸣教授就在他的公开分享中提出，互联网处理的是海量数据，解决信息流转和匹配相关问题，核心价值是降低信息不对称性，建立规模网络；AI 处理的是海量知识，解决决策效率和成本相关问题，核心价值是创造新的供给，建立协同网络。

协同效应重构三端：平行世界、无限门店和超级工厂

从恺撒大帝到拿破仑一世，从汉高祖刘邦到新朝皇帝王莽，从观沧海的魏武帝曹操到蛰伏四朝的狼顾之相司马懿，从永乐建文叔侄之争到英宗景泰兄弟之争……合久必分、分久必合的历史，永远在战争与和平、集中和分散、威权和自由之间螺旋式切换。

碎片化的趋势越极致，渴望共同体的声音便越强烈。一

没共识就内耗[①]，一有共识就内卷[②]，与其内耗和内卷，不如协作和联合。站在未来看现在，碎片化的 C 端、B 端和 F 端会进入协同网络分别迎来巨大的重构，从而呈现出平行世界、无限门店和超级工厂三种有趣的变化。C 端正在从同一世界向平行世界转变，B 端正在从有限不经济向无限经济转变，F 端正在从正向线性向反向柔性转变（图 1-5）。

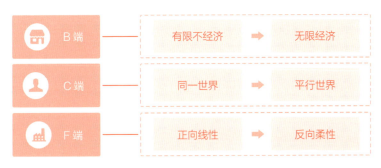

图 1-5　协同效应重构三端

平行世界

平行世界是 C 端碎片化后重构的趋势，我把它形象地称为"人群茧房"，由"信息茧房"延伸创作而来。后者是由凯

斯·R. 桑斯坦（Cass R. Sunstein）在《信息乌托邦》(*Infotopia*)里提出的概念，指人们在信息领域会习惯性地被自己的兴趣所引导，从而将自己的生活桎梏于像蚕茧一般的"茧房"中的现象。以前"央视标王"的出现，源于我们生活在同一个世界，接收着同样的信息，形成了同样的消费审美、消费习惯和消费能力，而现在我们越来越多地进入不同的平行世界，算法技术是信息茧房非常显著的特点。你喜欢一个东西，它就不断喂你这个东西，最终你吐出来的丝，是束缚人思想自由的一个茧，不同茧房里面的人群，消费需求、消费审美、消费习惯和消费能力完全不同，形成高度封闭化、高度差异化的世界。《北京折叠》中提到的三个时区和对应世界，在现实生活中是真实存在的。

在各个平行世界中，除了投资机构普遍关心的新中等收入者和"Z世代"① 等所谓主流消费升级人群，我们更关注看似主流人群之外的边缘人群。所谓的主流消费人群，其实受经济周期波动影响最大。在经济寒冬，由于贷款、租金等刚性支付和就业的风险压力，真正所谓主流消费升级人群的自主支配购买力其实并不强，"口红效应"② 即是明证。

当皮炎平和马应龙都出了联名口红，当泸州老窖出了联

---

① "Z世代"一般指1995~2009年出生的人。

② 指因经济萧条而导致口红热卖的一种有趣的经济现象，也叫"低价产品偏爱趋势"。

名香水，当中国邮政开始卖奶茶，当中国移动开始做电竞，当中石化开始卖咖啡，留在年轻人口袋里的余粮就真的不多了。新中等收入者一旦崩塌，围绕在新中等收入者身边的讲故事、造情绪的新中等收入者消费品牌也会迎来消亡。

与之相反，边缘人群消费能力和消费趣味则比较稳定，在周期下能实现逆势增长，比如母婴儿童人群、蓝领人群、孤独症患者人群、小镇青年人群、宠物主人群、高知银发人群、慢病康养人群、二次元少女人群等，有孩子的人群、有宠物的人群和单身的人群，每一类人群的消费需求差异很大，一旦被整合打通，将会迸发巨大机会。原来我们的经济体概念是地缘的，欧盟经济体、亚太经济体……而之后我们经济体的概念将会是围绕人群的，会形成平行世界下的人群经济体。

无限门店

无限门店是 B 端碎片化后重构的趋势，针对规模不经济的有限门店而来。这里的门店泛指一切与 C 端直接接触的"场"。在碎片化的趋势下，"场"不断从大业态向小业态直至更小业态演化，然而，这只能使其离用户物理形态更近，却无法使其离用户心理距离更近。"场"的终极命题就是如何摆脱规模不经济，即单位"场"内营收规模扩大导致的服务成本同步提高的现象，束缚"场"的有限的人效、坪效、时效、客效和"货效"似乎永远存在。

要想突破这种束缚，就必须重构厂、仓和店在"场"中的比例。要想突破这种束缚，就必须实现"场"从"经营货"向"经营人"的转变。经营货，处处是敌人，因为有你没我；经营人，处处是朋友，因为联合交付。

线下成为门店流量交付的聚合地。在销售层面，线下成为前置仓，只储存前10%sku（stock keeping unit，最小存货单位）最高频的爆品；在服务层面，线下成为服务点，作为卫星店只提供最高频的服务。与此同时，线上成为门店流量变现的放大器，建立稳定弹性的在线供应链体系，服务永远规模不经济，除非服务机械化和服务产品化，但卖货这件事可以实现规模经济，关键是围绕某一垂直的精准人群的全面覆盖。线下是有限场地，而线上是无限场景。

盒马鲜生就是无限场景的探索者之一。盒马鲜生在上海金桥广场开设的第一家门店，年坪效（坪效是指每平方米的营业额）高达5万元，是传统超市的5倍以上。整个门店按照全渠道、全场景、全马斯洛需求的理念设计，每件商品都有电子标签，可以通过扫码获取商品信息线上下单，物流仓储作业前置到门店，店内部署自动化物流设备进行自动分拣，集零售＋厨房＋物流＋仓储＋超市于一体。线下是用户消磨时间和享用鲜食的体验场，顾客选购牛排、海鲜等食材后可以即买即烹；线上则按照高中低频快速为每一位顾客呈现个性化商城，并且承诺及时送达。

超级工厂

超级工厂是 F 端碎片化后重构的趋势，呈现出反向、柔性、并联三大显著特点（图 1-6）。

反向
供应链
· 以需定销、以销定产、以产定研
· 聚合碎片化小 B 的订单和需求
· 销售对工厂、消费者对生产者

柔性
供应链
· 应对 C 端个性化需求带来的"小批量、多品种、快翻单"的问题
· 生产能力的重组和升级

并联
供应链
· 应对 B 端无限场景的人群商城的需求
· 并联式的、聚合的、N 对 N 的、网状的
· 连接共享的聚合的在线供应链

图 1-6　超级工厂的形态

反向供应链是未来超级工厂的前提，未来一切好的生意都是反着来的，很多价值创造弱的中间环节将会陆续迎来优化，以需定销、以销定产、以产定研，聚合碎片化小 B 的订单和需求，工厂输出高效的 B to F（Business to Factory，销售对工厂）甚至是 C to M（Customer to Manufacturer，消费者对生产者）反向供应链。

柔性供应链则必须完美应对由 C 端个性化需求带来的"小批量、多品种、快翻单"问题，所谓"小单快返"，是指企业以很小的首单量测试市场，再根据市场反馈多次追加小批量订单，对抗库存积压风险，例如直播行业崛起对整体服装行业对周转率要求的改变是革命性的，必然要求生产能力的重组和升级，甚至可以通过插件和模块的支持，做到"定制感"供应链交付。柔性供应链的柔不仅仅体现在制造系统上，还会反应在物流系统、供应系统、研发系统、组织系统上。

并联供应链是未来超级工厂的形态，传统的供应链是串联式的、单向的、1 对 N 的线性的连接，而未来的供应链是并联式的、聚合的、N 对 N 的、网状的连接，当 B 端在线上开启无限场景的人群商城时，连接共享的聚合的在线供应链就成了 B 端的"刚需"。无处不在的传感器、嵌入式终端、智能控制系统、通信设施形成一个智能网络。一方面智能分发需求给上游供应商、物流商；另一方面自动排产，下指令给各个工序产线，生产产品模块，最后集合总装成个性化产品。

当碎片化的 C 端、B 端、F 端分别进入协同网络变成不同的平行世界、无限门店和超级工厂，数字化、在线化和网络化使它们交错相连，组合成一个个人群数字经济体和产业数字共同体，更多的人群经济体和产业共同体之间碰撞、流转和组合，最终完成整个社会的一次革命性的协同重构，向人类命运共同体这一宏伟目标整体迈进。

在这个过程中，万物互联时代下的协同网络模型就变得格外重要和关键。协同网络的要素有哪些？如何在产业中构建协同网络模型？如何连接不同产业间的协同网络？人群数字经济体如何建立、优化和影响？这些都是本书将要探讨的关键命题，在接下来的几章中，我将详细拆解协同网络模型的横轴和纵轴，即消费数字化的协同和产业数字化的协同。

| 第二章 |

协同网络的横轴：消费数字化的协同

重构"人"的基础设施：触点数字化、AI 算法、Token 技术

"人"是推动人货场重构的前提。这里的"人"既指销售体系之外的"外人"——广义范围的消费者，也指销售体系之内的"内人"——门店老板、代理经销商、店长和员工等。我们重点讨论分别重构了"人"的记录、连接和分配的三项基础设施，触点数字化、AI 算法和 Token 技术（图 2-1）。

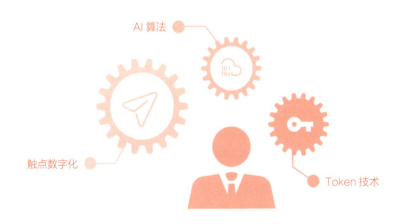

图 2-1　重构"人"的基础设施

触点数字化

触点数字化作为协同网络中的基础设施重构了"人"的记录。

当"人"的行为数据可以被采集、记录和分析时，真实度会远远超过咨询机构的访谈问卷调查结果，因为行为不会说谎，只是没有被完整记录。

7-11便利店早期的成功就是取决于对用户行为数据的记录。当时7-11便利店为收银店员准备了特殊的记录键盘，在结账的那一刻，店员会输入顾客的性别和年龄信息。输入的数据用于分析周边用户群的状况，分析不同性别、年龄的用户群的购买偏好。这些数据能够辅助7-11便利店未来的决策。

克莱顿·克里斯坦森（Clayton Christensen）在《创新者的解答》（*The Innovator's Solution*）一书中也提及一个追踪用户行为的创新案例。

一家连锁快餐企业想提升自家奶昔产品的销量，研究人员尝试了无数种调研消费者的方法，加量、加浓、加红豆、加巧克力，但是一直收效甚微。接着，他们通过追踪顾客的行为，发现有绝大部分的奶昔是在清晨卖掉的。清晨时段的奶昔对应消费者的真实需求是"通勤伴侣"，满足顾客方便携带、吃相体面、消磨时间、午前垫肚等多重需求，于是一杯便于单手持握的长杯型浓稠的奶昔和一根细长的吸管成了最好的优化方向。

触点数字化的网络协同效应在于，越来越多的触点记录下数字化的数据后，为了采集更全面、更个性化的数据，又会催生更多触点的出现。触点数字化的普及让门店、品牌和商家与消费者的任何接触都可被数字化记录。

触点，指的是零售或服务企业与消费者发生的各种形式和维度的连接和接触，可以分为线上触点、线下触点、商业触点、社交触点等（图2-2）。

图2-2　触点的分类

线上通过会员系统、平台埋点和第三方软件开发工具包（Software Development Kit，SDK）接入，线下通过Wi-Fi钥匙、蓝牙连接、下放多功能销售终端（point of sale，POS）机、物联网（Internet of Things，IoT）、智能货架、电子价签、客流识别、采集盒子和数字互动屏，打造记录"人"的基础设施，成就了一大批新兴企业的快速崛起。

神策数据提出基于数据流的企业运营框架sdaf，即集感知（Sense）、决策（Decision）、行动（Action）、反馈（Feedback）为一体的sdaf运营框架。神策通过全触点数字化用户采集与数据分析，既完成企业微信、应用程序（App）、自营官网、小程序、线下门店等全渠道行为数据采集与打通，又利用企业微信客情卡，可通过ID-Mapping识别唯一用户，提供全域的用户标签画像，精准把握用户需求。

趣拿则是借助触点数字化的技术组成了"移动端App+终端IoT体验机"闭环，其中体验机具备语音识别、人脸识别、手势识别、运动感知等多重功能，消费者在App上参与活动、做任务，得到领取试用装或奖品的二维码，凭借二维码到线下体验机，通过"大声喊"等吸引新客户的游戏化互动形式领取产品，完成从曝光、派券、体验、数据沉淀全链路转化。

AI 算法

AI 算法作为协同网络中的基础设施重构了"人"的连接。

自文明诞生以来，人们从手势交流，进化为语言交流，再演变为图文视频交流。交流的形式丰富度不断提升，连接的效率也被要求不断加强。

在人与人的连接上，从一对一的熟人社交、一对多的"秀场社交"到一对一的陌生社交；在人与货的连接上，从搜索、分发、推荐到订阅；在人与场的连接上，从人来找场，到场来找人，再到有人的地方就有场。AI 算法的出现，革命性地加快了这种连接效率的质变，从千人一面，到千人千面、千日千面、千店千面，再到一人千面。AI 算法作为基础设施能帮助我们从为了连接而连接的时代，跨越到在恰当的时空、用恰当的方式、对恰当的对象实现恰当的连接的时代。

AI 算法的网络协同效应在于，人在连接过程中，不自觉地成为 AI 深度学习的训练师，而更多的训练使得 AI 的连接更加精准，从而吸引更多的人加入。另外，还有非常多的互联网新经济企业依托 AI 算法实现了崛起。知识分享平台知乎在 AI 连接的道路上，把母爱算法和父爱算法做了融合的尝试，探索了更深度 AI 算法的边界。所谓母爱算法，是指用户喜欢什么样的内容，系统就推荐给用户什么；所谓父爱算法，则是指不断通过优质的内容引导用户探索兴趣边界，发现更大的世界，让用户既能获得感兴趣的内容，也能获得有帮助的内容。

Token 技术

Token 技术作为协同网络中的基础设施重构了"人"的分配。

生产关系变革的本质是权力再分配。被誉为"古典经济学之父""现代经济学之父"的亚当·斯密（Adam Smith）认为，劳动生产力的增进源于分工，而古往今来，分工、分权和分利又对应着责权利的分配，只有分配合理才能相得益彰。整个公司制的发展史也是一部激励制度和分配制度的变迁史，分配制度也是形成协同网络的基石条件，谁能用制度和工具最大限度地激发并保持组织内外部成员的主观能动性，谁就能够占据市场先机，取得绝对胜利。从股权到期权再到员工持股平台和层出不穷的虚拟股，企业管理者用各种发明创造努力激发着内部成员的积极性。然而说到底，这种激励尽管细化了公司不同成员间贡献的颗粒度，但总体仍然是内部的、静态的。如何真正动态地最大限度地激发公司外部的最广泛群体的参与，需要新的分配技术和制度。

应运而生的 Token 技术成为重构"人"分配的最好选择。Token 是一种数字化的价值载体，是权益证明，俗称"代币"，Q 币、音浪都属于此列，不是区块链所特有，在中心化的系统中也可以发行。但当 Token 结合区块链，就具备了物权属性、币权属性和股权属性，其中物权属性代表可使用、币权属性代表可流通、股权属性代表可增值，就能通过加密算法和分布式账本来确定真伪，以及资产的唯一性，并通过共识算法进行流通。盛景网联高级合伙人颜艳春认为，Token 技术最大的意义是为外部的分配构建了底层的"币权"。这是从传统的"股权"——股东分钱，到"期权"——员工分钱，最终迭代出来的"用户分钱"模型，也就是"币权"（图 2-3）。

图 2-3　股权、期权与币权

在"币权"模式下，组织边界进一步拓展，而且越来越模糊，协作方式越来越柔性，传统的雇用制，会进一步朝"自由人的自由组合"演进，用户都是你的"员工"，但又都不是你的雇员。

趣头条就是借助 Token 技术在非区块链领域快速崛起的案例。彼时，凭借推荐算法起家的今日头条，已经完成了对传统门户新闻客户端的阶段性胜利。没人想到，这一战场还会杀出一匹黑马。

此外，橙光互动阅读通过发布"鲜花"绑定平台、作者和投资者；趣键盘输入法通过打字量增减与用户分"金币"；贝壳找房通过贝壳分、贝壳币管理门店任务和人员动作，都是 Token 技术促进分配的经典案例。

重构"货"的基础设施：前置仓网络、泛分销系统、IP 化工厂

经营货，处处是敌人；经营人，处处是朋友。然而，无论经营的是人还是货，经营的本质都是为了追求商业价值最大化，而所有的商业价值都需要靠"货"来变现。在这里，我们重点讨论分别重构了"货"的周转、销售和标识的三项基础设施——前置仓网络、泛分销系统和 IP（Intellectual Property，知识产权，引申为能够带来平台效应的产品或内容）化工厂（图 2-4）。

前置仓网络　　　　　泛分销系统　　　　　IP 化工厂

图 2-4　重置"货"的基础设施

前置仓网络

前置仓网络重构了"货"的周转。

近年来最受关注的IPO莫过于瑞幸咖啡，这家号称颠覆星巴克的公司"出道"仅18个月就在美国纳斯达克成功上市。尽管遭遇过重大风波，瑞幸用实力证明了自己深厚的控盘能力和自我救赎能力，2021年"生椰拿铁"和2023年"酱香拿铁"的火爆让瑞幸成功登顶中国市场"咖啡一哥"的宝座，3年开店数量就赶超星巴克30年的开店数量。

当瑞幸把所有的注意力和核心资源都对标星巴克奋力追赶时，2019年9月3日，中石化官微突然发布消息称，中石化加油站易捷便利店全新品牌"易捷咖啡"正式面市，主打爆品是92#（黑白咖啡）、95#（时尚特饮）、98#（精品系列）。作为坐拥2.7万家便利店的国内最大的前置仓网络，易捷一出手就可能是瑞幸10倍的体量，体现了前置仓网络的强大威力和协同效应。

随着电商商业模式的落地场景大战以及智慧零售"最后一公里"的争夺，社区门店或前置仓将成为物流前端支点，店仓合一的实体店将变成未来的物流配送的关键点，越来越多的玩家加入店仓配一体化游戏，参与者既包括阿里、京东、苏宁这样的互联网零售巨头，也包括"三通一达"、顺丰、百世这样的物流巨头，更有基于垂直生鲜食品业务开展前置仓的每日优鲜、叮咚买菜、盒马鲜生、永辉超市等垂直巨头。

早期的前置仓，更像是电商模式的变种，把最早电商的单品爆款模式，也就是物流上的一仓发全国变为分仓备货，只是这个仓更加前置而已。然而，现在的前置仓更像是一个个分布式的独立的经营中心，后端连接独立的供应链体系，前端融合进各种商业业态。无论是超市、书店、餐厅、母婴店，还是游乐区自提柜、地铁无人货架、社区便利智能货柜、智能快递柜等，都在物流算法驱动下产生了网络效应（图2-5）。从最近距离进化到最优距离，如同波粒二象性的"店仓二象性"，将呈现出"万店前置仓化"的壮观局面。

图 2-5　前置仓模式

2018 年 9 月，以时效服务为核心的美团闪购已与海澜之家达成合作，为消费者提供"即时配送服装"的服务。消费者在美团外卖的服饰选项，或者通过搜索"海澜之家"找到店铺。下单后，美团骑手会到店取货并进行配送。

海澜加盟外卖网站，表面上是缩短时效提升体验，本质上是前置仓模式的落地。外卖与品牌连锁店的结合，为电商会员数据和实体店附近的用户画像创造了融合的机会，通过不同实体店潜在需要和购买偏好，总部合理地调整实体店备货。同时，线上线下数据的融合，也可以让会员营销变得更加精准和多元。

在新冠疫情暴发后，早已成为风口的"外卖新零售"把卖菜这件事做到了极致。无论是便利超市、餐饮连锁店、助农平台，还是商业对商业网站，都借助前置仓网络这一基础设施弯道切入"最后一公里"的C端市场进行抢夺。

泛分销系统

泛分销系统重构了"货"的销售。

2000年，中国市场重心下沉至"以县为基本营销单元"，代理商格局从此形成。全国有百万级的经销商群体，很多都是靠着过去抓到某一品牌的市场红利，成为某个地方的代理，顺利完成从个体户到商贸公司的转变，也完成了个人的财富积累。然而，品牌红利过后，随着零售行业的蓬勃发展，大多数经销商无法直接面对碎片化的小型零售店进行高效率、低成本的交付，因此必须依赖二批、三批、批发市场等中间环节。每一个品牌都有省级代理、市级代理和县级代理，到零售商，最后到消费者手上，平均运输次数超过七次，层层压货品，层层压资金，很多经销商在分销过程中的努力变得无效，最终退化为品牌商的资金池、仓储员和物流工。这样的分销网络效率越来越低，库存越积越多。

数字化的泛分销系统的出现，让分销格局从"以区域为营销单元"到"人人都是营销单元"。大批成熟的人才、成熟的工具、成熟的方法和成熟的意识为轻分销系统基础设施的形成提供了肥沃的土壤。在此基础上，大批新兴品牌得以孕育和孵化。背后支撑这套轻分销系统的能力和技术包括移动支付、线索追踪、即时分润、层级制度、一件代发、数字货票、私域流量等。

移动数字化技术的发展实现了营销单元的在线支付和实时分润，一件代发的深入人心革命性降低了成为营销单元的门槛，数字货票（代金卡、兑换券和数字礼券）的出现诞生了"货不动票动"的高效交易场景，企业微信、小程序、微信群和超级公众号让每个营销单元的私域流量得到更好的维护和运营。从淘宝客到微商，从社区团购到社交电商，再到后端连接电商供应链、以平台导流入口形态出现的"私域电商"，泛分销系统催生了无计其数的平台级企业，也成就了无数的明星品牌和隐形冠军。

拼多多的极速狂奔，奇迹般实现了电商生命禁区里的崛起。对于拼多多的成功，有人解读为消费降级的下沉红利，也有人解读为低端制造的迁徙红利。在我看来，拼多多的成功和最大限度地激发出全国泛分销系统的能量不无关系。无货源开店的规则吸引了大批消费互联网红利式微之下的商户，成为拼多多的"全职"分销商。在"先拼后砍、先集后换、先分后比、先帮后送"十六字诀下，无论是身怀六甲的宝妈①，还是涉网未深的老人，都成为拼多多的"兼职"分销员。双重放大之下，拼多多成立一年用户量突破1亿，成立两年用户量突破2亿，不到三年登陆纳斯达克市场，2019年年底活跃用户进入5亿时代。

IP 化工厂

IP 化工厂重构了"货"的标识。

让·鲍德里亚（Jean Baudrillard）在《消费社会》（*La société de consommation*）中说，人们对物的消费，实质上是消费物所承载的符号意义。物质的极大丰富造成了注意力的极大分散，为了能让自己不被淹没在信息过剩的汪洋大海里，品牌IP化表达成为产品标识差异、抢夺注意力的必然选择。IP也可以真正超越公域和私域的流量陷阱，形成虹吸效应的流量黑洞。

---

① 网络用语，指有孩子的妈妈。

品牌在和消费者建立联系的过程中，长时间的交互会留下品牌的自我标识。差别在于：原来的品牌故事和 IP 人设像石油，历经年而沉淀；也像纯天然的食物，不浓烈但有本源味道。而随着 IP 内容行业和代运营行业的发展，现在的品牌故事和 IP 人设更像电，可以工业化流水线生产；品牌故事的冲突情节和 IP 人设对特定人群的迎合，也像加工食品，色泽鲜艳，味道浓郁。

代运营公司，可以理解为提供品牌运营和 IP 表达服务的第三方公司，正在大规模多层次地赋予"货"的标识和意义。虽然作为 C 端的我们很少察觉，但代运营行业早已在多年发展中演变为成熟工厂的流水线，作为基础设施，支撑着无数产品的品牌 IP 化标识。从初稿、定稿、道具演员清单，再到分镜脚本、正式拍摄、后期剪辑，运营团队、内容制作团队、供应链团队和电商团队就如流水线上的不同工人，重复作业，日夜不休。数万家代运营公司，提供着线上内容、线上营销和线上分销多层次服务；数十万家 IP 制作团队，最快几小时就能完成一整套从产品到品牌所需要的全部视觉和策划；数百万家品牌营销团队和个人，孜孜不倦地撰写着品牌故事，拍摄着剪辑着品牌素材，并且不断精进着投放效果。仅电商代运营市场，规模就从 2011 年的 295 亿元达到 2018 年的 9 623 亿元，7 年时间狂飙至约 33 倍，并且在 2019 年达到巅峰。2019 年"双十一"全网 4 101 亿元（淘宝 2 684 亿元）成交额中，代运营龙头"宝尊电商"的成交额突破 100 亿元，以一己之力撑起全网"双十一"总成交额的 4%。越来越多的代运营公司从幕后来到台前，开始更加普惠化地向更多新兴品牌提供数字化标准化的服务。

流量在哪里，代运营公司就会在哪里。天猫、淘宝、微博、拼多多、美团、抖音、快手乃至小红书、知乎，都聚集着大量的分布式的新兴代运营商家，也贡献着大量新兴的 IP 化内容。

这里的 IP 不再指狭义的影视文娱 IP，而是指一种带有"人设"意味的、差异化符号化的内容表达方式。

吴晓波和罗振宇，同为文人和商人的结合体，同为知识付费领域的头部 IP，无论输出的是信息差还是认知差，一个像歌手带着人文型粉丝向左，一个似演员带着理工型粉丝向右，也是缘于 IP 初设的分野。谁能率先影响用户的下意识记忆，谁能率先形成故事体系，谁能从物理距离切入心理距离，就能更高效地实现人们注意力的诺曼底奇袭，完成产品自我标识的"ID-IT-IP"进化之路。

哪怕抢占一个场景，无论是在家、到店还是出行；哪怕是抢占一个风格，无论是腾讯似水，还是阿里如火；哪怕是抢占一个观念，无论是燃系事业、"佛系"人生，还是轻奢巴洛克抑或极简断舍离。人人皆 IP 的时代，品牌和 IP 的融合已成为不可阻挡的趋势。

重构"场"的基础设施：轻加盟、直播和短视频、私域流量工具

在线文明出现之后，"场"的定义、形态、复制和运营都发生了重大的变化，"场"不仅仅是空间的载体，更是时空的载体。新人群、新技术和新制度的出现，重构着"人"和"货"的同时，也成了重构"场"的基础设施。在这里，我们重点讨论轻加盟、直播和短视频、私域流量工具这三种重构了"场"的复制、呈现和治理的基础设施（图 2-6）。

轻加盟　　　　直播和短视频　　　私域流量工具

图 2-6　重构"场"的基础设施

轻加盟

轻加盟制度重构了"场"的复制，极大地降低了复制的门槛，共享了闲置的空间，团结了碎片的人力。

线下的"场"经历了从自营到加盟再到合能三大阶段的演变（图 2-7）。

图 2-7 线下的"场"的演变

自营时代很像农业文明，春种秋收，亲力亲为，凡事都靠自己，大到选址、招聘、运营，小到装修、门头和消防，攒够了钱再包下一亩田，实现一分耕耘，一分收获。

加盟时代更像工业文明，标准化的工厂流水线作业，批量出产组装门店品牌的各个标准模块，标准化的门头装修和视觉方案，标准化的运营管理制度，标准化的供应链支持。当农民从自己承包土地转变为联合各家土地共同经营，共同用工业机器开发耕种，这期间释放的效率就呈几何倍数增长。在 1995 年之后，鞋服行业、餐饮行业、白酒行业，招商加盟制度火遍全国，衍生出的大小商制度、区域单店授权制度、多层级特许经营体系，加盟制度助力"场"低门槛飞速复制，实现一分耕耘，十分收获。

合能时代则像互联网文明，网状分布式多对多的连接。加盟制度对新人来说仍有诸多门槛，一个绝佳的选址、一个处于蓝海的业态、一笔高昂的加盟费、一个成熟的团队等等，缺少任何一项都会导致店倒"场"败。而合能制度的出现进一步降低了"场"复制扩散的门槛，从商场店到社区店再到档口店，从商场中庭的快闪店，到地铁站内集装箱贩卖机，再到社区门店的店中店专区甚至是无人货架、智能货柜，"场"与"货"的边界越来越模糊。新"场"越来越像一个插件，插入各种存量场中共生，彼此合能，从创建增量的场到共享存量的场，实现一分耕耘，百分收获。原生场景和网生场景的融合更是如核聚变一样，加速了"场"的复制速度。线下的原生场景可以连接线上的网生场景"法身上云"，建立更大的"场"；线上的网生场景可以借助线下的原生场景"附体下凡"，裂变更多的"场"。

轻加盟制度的出现，成就了一大批连锁品牌用最低成本和最快速度的方式在存量市场完成逆袭。火锅烧烤食材互联网销售平台锅圈的成功上市，成为全国第六家门店过万家的品牌，这也得益于轻加盟制度的支持和运营。

瑞幸咖啡启用"无限场景"战略，快速拓展消费者地理的"场"和心理的"场"。

除了一年2 000多家在商务办公楼、大学校园、交通枢纽、体育健身等无处不在的档口柜台式的灵活小店，瑞幸还联合故宫、网易云音乐、腾讯QQ、冯唐、安德烈·拉图瓦达等IP开设了一系列实体主题咖啡店。与此同时，无人咖啡机"瑞即购"和无人售卖机"瑞划算"两大智能零售终端更是把分布式的到家、到店、外卖、自提的场景集合又向前推进了一大步。

下沉市场酒店之王"尚客优"也是其中的代表。

尚客优酒店的创始人马英尧 2009 年就注意到了一、二线市场和三、四线市场的区别，比如一、二线城市单店客房80~120 元 / 间的时候，人员配置、运营管理、公共面积的成本分摊是最佳状态，投资的性价比是最高的，而这个数字到了县城就会变成 40~60 元 / 间。尚客优通过远低于其他连锁品牌的加盟费用，更加时尚的设计优化，联合三、四线存量夫妻旅馆店，聚焦解决经济型酒店常见的设计、床品、气味、静音方面的品质痛点，对单体酒店进行轻改造优化，在三、四线城市开出了 4 000 多家门店，稳坐下沉市场 C 位（表示某人或事物的重要地位）。

直播和短视频

直播和短视频重构了"场"的呈现。我们已经经历从线下原生的"场"向线上网生的"场"的转变，正在经历从 4G 图文流量场向 5G 影像流量场的转变。

随着以直播和短视频为代表的新渠道的崛起，流量形态的飞速变化引发了"场"的剧烈变革。在图文时代，"场"的呈现是静止的、视觉观感的，与用户建立信任的时间最长，需要货带"场"；在视频时代，"场"的呈现是动态的、视听观感的，建立信任的时间次之；在直播时代，"场"的呈现是动态视听观感兼具实时强交互性的，建立信任的时间最短，可以实现"场"带货。

虽然直播的交互性还是不如线下一对一的交互，但触达范围却大大提高。美国短视频电商平台 Joyus 的数据表明：通过优质视频来推广商品的转化率，会比传统图文展示的方式高 5.15 倍；同时，其视频观看者购买商品的次数，为非产品视频观看者的 4.9 倍。

在影像流量时代下，尽管图文流量时代的 BAT（百度、阿里巴巴、腾讯）早早布局了"优爱腾"（优酷、爱奇艺、腾讯视频）三大长视频平台，但在直播和短视频作为新生活方式的今天，TKB（抖音、快手、哔哩哔哩）俨然已经成为新的流量阵地，还有西瓜、火山、秒拍、好看、微视、蘑菇街等，再加流水般现象级主播，组成了各种"场"。短视频种草、直播触达、电商变现已经成为黄金组合三板斧。

直播系统工具进一步完善，从打赏、分佣金到门票制度、会员制度。直播覆盖区域也进一步扩大，在拼多多平台上，依靠助农直播，有商家不到 1 天就销售 21 万斤芦柑；在京东的京喜平台上，云南花农依靠直播累计销售上百万支鲜花；

在苏宁的拼购平台上，数千家农户加入直播大战，战况喜人。更有直播卖房、直播卖车、直播卖珠宝、直播卖基金，无论是柜姐、导购、顾问，还是老师、农户甚至是基金经理，都可以通过直播进行销售。人人皆可播，事事皆可播，时时皆可播。

私域流量工具

私域流量工具重构了"场"的治理。

过去 20 年，流量价格涨势迅猛。从开放的全球广域网到孤立的 App，在经过了个人计算机（Personal Computer，PC）互联网入口、移动互联网入口、社交互联网入口的争夺后，淘宝、天猫、京东、今日头条、美团、百度等中心化超级流量平台纷纷崛起，流量成本也越来越高，如何把"流"量变成"留"量已成为所有中小企业的迫切需求。

原来的互联网企业需要"看天吃饭"，这里的"天"就是公域流量，而现在越来越多的企业开始"圈地求生"，这里的"地"就是私域流量。私域流量工具的出现，就如同给了想要耕"地"的企业犁耙、水车和耕牛，助推了从中心化管理流量向去中心化治理流量的转变。

微信陆续推出的服务号、小程序、企业微信、视频号等工具率先打造了私域流量的运营闭环：视频号成为每家公司和每个个体的全新官网，微信直播解决品牌触达，小程序解决便捷交付，微信群解决归属仪式，个人号解决人格呈现，超级公众号解决精准推送，企业微信全面升级后推出的客户联系、客户群和客户朋友圈，更是沉淀私域流量的新场景，订阅制小程序、付费公众号、专属卡券也是值得关注的运营辅助工具。

私域流量工具作为优化治理的基础设施，成就了一大批快速拥抱变化的个人和小 B。

一个"90 后"老板带领 20 人团队，用 100 个微信个人号为用户提供预订酒店服务，实现一年流水 8 000 万元，复购率 80% 左右。另一个"90 后"老板利用微信个人号为用户做奢侈品维护，17 个微信号平均单个年产值 80 万元。

微信之后，阿里的钉钉和微淘、今日头条的飞书、喜马拉雅的圈子、抖音和快手的建群功能等，各大巨头纷纷争当私域流量的"托盘"。互联网流量生态呈现出"公域流量私有化、私域流量公有化"的魔幻景象。一方面，中小企业"八仙过海，各显神通"，通过内容种草、加私信、优惠券、直播二维码、退款代金各种形式从各大公域流量中心薅取流量建立私域阵地；另一方面，各大公域中心又希望通过平台福利实现线下用户的在线价值回归，串联分布式的私域流量池建立公有化超级会员平台。

重构"流量"的底层逻辑：分化、演变、协同

面对未来，品牌往往有两大焦虑：一是流量焦虑，生怕不能获得流量红利；二是年轻人焦虑，生怕被年轻人抛弃。在他们眼中，世界是单线的，平台是中心化的，殊不知，互联网不仅正在把世界变得越来越"平"，还在把世界变得越来越"平行"。

流量的分化：平行世界的出现

网友"评论尸"2020 年在网上发布的《互联网是人类历史的一段弯路吗？》一文中提到，互联网未能缩小社会格差、未能打破一切藩篱、未能呈现真实世界，与传统的人以群分不同的是，算法驱动的人以群分很容易让人忽视"群"以外的世界，在信息和社交层面上的茧房会让身处其中的人们更容易误解自己所看到的这些就是整个世界。

越来越多的人在互联网的加速下进入不同的平行世界里，大家看似生活在同一片蓝天下，然而却产生着越来越深的隔阂和差异。消费分级的起点源自人群分级，不同平行世界里的人群相互之间的消费理念、消费习惯、消费审美和消费偏好全然不同。互联网出现前，国民品牌（此处理解为"人人都听过、家家都会用的品牌"）在我们生活中随处可见；互联网出现后，所谓的现象级爆品覆盖的人群也往往不到总人口的千分之一。

这些平行世界中的人，原本只是散落地分布在社会的各个角落，比如现在某些大公司已经出现了"60后""70后""80后""90后""00后""五世同堂"的局面。然而，互联网的出现让每个人的数据、行为和轨迹越来越多地被"云"化，世界各地的平行世界的人群开始向不同的流量阵地汇集，高频地在平行的圈层中互动交流，进而产生更多的数据、行为和轨迹。

以直播平台举例。抖音的算法公平、快手的价值观公平和淘宝直播的成交金额（Gross Merchandise Volume，GMV）公平就汇集了不同的人群，抖音的"白领"、快手的"老铁"、小红书的"小姐姐"和哔哩哔哩的"小哥哥"等。PKQ（拼多多、快手、趣头条）更是依据人群战略成了家喻户晓的下沉世界里的"三大天王"。

在离线世界里，经济体是按地域划分的，不同的国家、不同的地缘板块形成不同的经济体格局；而在在线世界里，经济体是按人群划分的，不同人群的时间、数据和行为集合在一起，形成了一个个平行的人群经济体。

在各个平行世界中，投资机构往往关注"主流人群"，而我更关注"边缘人群"。在中国，任何一个看似边缘的人群实际上都有千万级甚至上亿的人口数量。他们的消费偏好更精准，消费需求更稳定。其中，我尤其看好母婴人群、"00后"人群、高知银发人群、宠物主人群、蓝领人群和单身人群等。

"话本小说"是一个专注于服务"00后"人群的项目，创造了"图文互动小说"的全新阅读体验，即少有环境和动作描写，全靠对话推动情节，对话内容会像聊天对话框一样呈现。这种互动小说，图片、表情包和聊天对话框在对话小说中占了绝大部分比例。"话本小说"对于用户的深度参与，主要体现在两个方面：其一，"话本小说"的阅读界面开放了主角模式，在这一模式中，读者可以把小说主角的名字替换成自己的名字，让读者有沉浸式的阅读体验；其二，"话本小说"采取的是段间cosplay（角色扮演）评论的模式，而不是传统的章节评论模式。在段落之间，读者不仅可以发表评论，甚至还能模拟小说中的各种角色，帮助作者完善剧情。截至2020年，平台累计有70万作者，累计原创图书150万部，日活用户80万人，其中90%为"00后"，已经成为国内最大的"00后"小说平台之一。

除了互动小说，"00后"人群在微博超话、哔哩哔哩、得物、触漫等平台均有大量聚集。

与此同时，另一个年龄段的高知银发人群也不容小觑。

"美篇"是一个专注服务高知银发人群的项目，首创长图文编辑阅读社区。2019年，中国银发经济移动端用户量接近一个亿，仅淘宝用户中大约就有3 000万用户为中老年人。为布局银发经济，淘宝每天约有1 000场针对中老年市场的直播，商品以服饰、鞋帽、保健仪器为主。作为与"糖豆广场舞""小年糕视频"并列的银发世界"三大天王"，"美篇"从图文编辑工具切入，解决了微信、微博等社交平台一次只能发9张图片，不能进行深度表达的痛点，让用户可以在几分钟内就创作出一篇图文并茂的文章，可以一键分享到社交平台。平台聚拢了摄影爱好者、旅行爱好者、文学爱好者等各种热爱展示美好生活的一批活跃用户，成为中老年文青的"头条"。

除此以外，微信生态内的各种工具也在中老年高知群体中开花结果，以"土味祝福"起家的小程序"真心祝福你"在一百多万个社交类小程序中热度居高不下，以生肖运势为主题的公众号矩阵粉丝数达到了近千万，《养生堂》栏目自有品牌有赞商城"一堂方"年销售额估计能达到亿元以上。

此外，宠物主也已经成为极具经济潜力的人群。

恩宠堂是一个专注服务宠物主人群的项目，首创宠物殡葬善后一站式服务。

《2022年中国宠物行业白皮书》显示，截至2022年，全国城镇宠物（犬猫）主人数超过7 043万人，同时城镇宠物犬猫数量达11 655万只。以8%的死亡率计算，每年有超过800万只宠物去世。以被称为"宠物之都"的成都来说，每年去世的宠物达10万余只，其中有超过2万只宠物的主人会给它们进行殡葬处置。针对宠物殡葬需求，恩宠堂创新地推出了医疗善后服务车，可以实现车内火化、运送收装。整体的善后流程包括运送、清理、超度仪式、留存定制纪念、遗体火化、骨灰收装等标准化动作。同时，恩宠堂与支付宝的打通更是推进了宠物无害化环保处理的落地。用户只要打开支付宝，搜索宠民卡小程序，就能实现在线预约，选择不同标准的服务套餐，更有高毛利业务——宠物克隆服务的推出，使得恩宠堂在宠物产业链中牢牢占据一席之地。

如果说宠物主人群过于小众，蓝领人群则相对要大得多。所谓蓝领，多指从事体力劳动的工人。

"我的打工网"是一个专注服务蓝领人群的平台，首创经纪人模式切入蓝领招聘市场。"我的打工网"以"线上经纪人＋线下门店"的方式获客，向劳务派遣公司输送蓝领人才，力推周薪模式，帮助单位将收入与工作表现挂钩，赢利模式也从一次性佣金转化为管理费分成。在深耕之下，"我的打工网"年度输送蓝领人才达 50 万人次，营收近亿元，市场份额行业第一。

除了招聘以外，阅读视频、消费娱乐、金融借贷、公寓、职业教育、社交婚恋都是蓝领人群经济赛道值得深度关注的细分市场。

除了以上垂直人群外，还有新农村人群、单身人群、残障人群、多糖（糖尿病）人群等一系列细分人群正在不断涌现。如果说商户的协同网络是产业共同体，那么用户的协同网络就是人群经济体。在产业互联网时代，所有的商业都可以在不同的人群经济体里重新做一遍。

流量的演变：从公域、私域到全域、联域

中国互联网的简史，在一定程度上是一部流量迁徙史。至今，我们历经了 5 次大型的流量迁徙（图 2-8）。

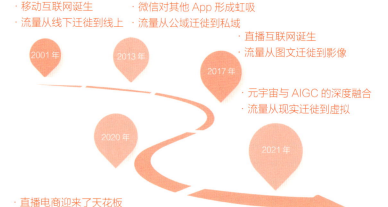

· 移动互联网诞生　　· 微信对其他 App 形成虹吸
· 流量从线下迁徙到线上　· 流量从公域迁徙到私域

· 直播互联网诞生
· 流量从图文迁徙到影像

· 元宇宙与 AIGC 的深度融合
· 流量从现实迁徙到虚拟

2001 年　2013 年　2017 年　2020 年　2021 年

· 直播电商迎来了天花板
· 流量从离线的商户私域迁徙到在线的商户私域

图 2-8　流量的 5 次迁徙

移动互联网是消费互联网的红利，流量从线下迁徙到线上。在那个 App 时代下，一个天才级的产品经理，可以打造一个高日活的 App，并能够很快拿到融资。

紧接着到了 2013 年，微信开始对其他 App 形成虹吸，流量从其他 App 移动到了微信，流量从公域迁徙到私域。在微信生态里，很多生意都能重新做一遍，比如朋友圈、小程序、微商社区团购、公众号推文，都能诞生巨大的创业机会。

2017 年，第三波的直播互联网诞生了，流量从图文迁徙到影像。抖音、快手们抢走了微信的流量，用户下单更喜欢看开箱视频和有视频的买家秀，只有视频才能展现全维度的产品真实状态。直播互联网的诞生催生了大量优秀企业、平台、MCN。

2020 年，直播互联网迎来了天花板，第四波产业互联网的时代，流量从离线的商户私域迁徙到在线的商户私域。

2021 年，元宇宙与 AIGC（指利用人工智能技术生成内容）的深度融合，带来了"全真互联网"时代，流量从现实迁徙到虚拟。

在 5 次大型的流量迁徙中，涌现出 4 个阶段的流量红利，我把它们归纳总结为公域流量红利、私域流量红利、全域流量红利和联域流量红利（图 2-9）。

公域流量时代，线上的公域平台是流量洼地。当所有人都在线下时，谁能抢占百度、美团等平台，谁就能吃到流量洼地的红利。每一个中心化的公域平台，都见证了一大批优秀企业的崛起。但万事都有天花板，共识会带来内卷，而在大家达不成共识的时候，才可能是红利的开始。当所有人都有共同认知时，就没有红利了。大家都认可公域平台能支撑

图 2-9　4 个阶段的流量红利

生意时，公域流量成本和运营成本开始内卷，百度广告不再精准，美团流量被瓜分，淘宝的"钻展直通车"也不能像当初那样实现指数级增长。

随之而来的是私域流量时代。当时有一批企业想到了做私域，在淘宝批量发货时、在美团的外卖中，批量植入红包卡，把流量导向自己的私域，不用去交高额平台税，更好地经营自己的私域并反复触达用户。但是，私域流量很快也迎来了天花板。当越来越多的连锁门店，都使用卡券、积分、到店优惠来反复吸引用户，都调用客服机器人引导用户添加穿着西装的企业微信来获取一点小小的福利时，留给用户的不是初尝福利的新奇，而是被噪声干扰引起的反感。特别是新用户到店时，下单需要经过注册、成为会员、留电话号码、提示充值等步骤，用户体验变得很差。私域也越来越内卷，已经没有当初的红利，一个用户最多停留在 15 个品牌的私域，再加上企业微信开启收费策略，留给品牌商和连锁门店经营私域的红利也越来越少。

互联网进入全域流量时代正在成为越来越多商家的广泛共识。品牌在"小B乎"（小红书、哔哩哔哩、知乎）上种草，在微博上明星引流，在抖音上联合KOL引流，联合腰部主播分发，在品牌号自播，在淘宝、京东上设置上架标定价格锚，在微信社群和视频号小商店沉淀复购，如何以更低的价格在公域获客？如何高效率在私域转化？如何打通多个平台、打通公域和私域？全域经营，流量平衡带来的红利，就叫作全域红利。这套标准化的组合拳，在初期威力无穷大杀四方，但慢慢地随着越来越多的商户开启全域经营策略后，效用也会随之递减。种草帖发布得越来越多，直播间的主播下播时间越来越晚，私域池里的运营招数越来越密，而实际的成交额却越来越少。

全域时代只是公域和私域两个彻底割裂的时代下的粗糙弥合和临时过渡，流量终究会迎来终局——联域时代。在联域时代，一个个犹如孤岛般封闭的私域将会被逐一打通，围绕单一品牌、单一业态的私域低效经营时代将会被打破。

举一个例子。如果我的办公楼下有10家餐厅，那么刚开始我去每家餐厅吃午饭的概率是两周一次。如果其中一家餐厅开始经营私域，通过优惠券、特价菜、充值打折、消费立减等策略，可以吸引我从两周一次变成一周一次。但无论它如何经营，都不可能让我天天都去那家餐厅吃饭，因为那家餐厅的口味和菜品不足以让一个用户永久停留在它的私域池里。如果这个时候，10 家餐厅纷纷做起私域，这样的经营就变成无效通胀的勤奋，对实际餐厅成交流水毫无意义。这个时候最明智的做法，就是联合 5 家不同口味、同样客群的餐厅，推出统一的会员卡，经营统一的会员池，让用户一周 5 天真正停留在这个联盟的池子里。

联域的核心是联，联的是同城异业、同业异品、同客异场，这样才能破除私域时代的规模不经济，走向联域时代的规模经济。

流量的协同：消费通证时代下的流量银行

时至今日，大量品牌和商家仍旧抱有希望把流量转化为留量的想法。流量是流动的，它不属于任何一个品牌、门店和平台，川流不息，从不停留。因为每个人都希望把别人的公域变成自己的私域，反而不会有永远的公域，也不会有恒久的公域。

品牌和渠道永远在博弈，品牌强了就自建渠道，渠道强了就孵化品牌；公域和私域也永远在切换，支付宝、抖音开始建立自己的私域体系，微信、视频号则慢慢变成了公域平台。以前天猫商城是微信商城的价格锚，现在美团店铺是抖音店铺的价格锚。从更高的视角看，所有品牌和门店都在流量平台上做着重复的投入，吸引着可能重合的用户，最后支撑起一个个中心化的消费互联网平台。然而，流量没有忠诚，也不会忠诚，任何妄图用静态管理的方式把流量留下来的品牌都是徒劳无功的。既然留不住，那怎样才能真正实现流量的协同呢?

我的答案是打造消费通证体系。通证经济是一种基于区块链的通证激励模式，让人们从以前单方独赢的买卖关系转变为双方共赢的合作关系。平台和用户、品牌商组成利益共同体，共享平台发展壮大后的增值价值，从一生一次变成一生一世。

传统的消费积分是后置的，是结果导向的，花了多少钱，就送多少积分，特定产品无积分或多倍积分。积分一般只能兑换一些远低于标价的无效商品，而且积分到年底还得清零，从而催促你尽快完成核销。之后的互联网平台对消费积分体系进行了改造优化，开始关注消费者的过程贡献，例如邀请好友得积分、优质评论留言得积分、浏览广告得积分、停留一定时长得积分，然后积分对应金币奖励体系，除了贡献 GMV，用户也可以通过贡献时间、贡献裂变的方式获得奖励。相较于传统积分体系，从传统资本家分钱的股权模式到员工分钱的期权模式再到用户分钱的币权模式的进化，已经完成了从结果到过程的跨越，但这样的流量仍然是中心化的，不符合去中心化时代的人人皆私域的分布式逻辑。

消费通证的逻辑是共享积分。如果说星空联盟（第一个全球性航空公司联盟）的积分体系是共享积分的草图版，那么日本茑屋书店的 T 卡模式就是共享积分的毛坯版尝试。茑屋书店的 T 卡不只是茑屋书店的消费卡，还是包含众多品类的商业消费积分卡。

日本茑屋书店的官网显示，日本共有活跃且独立的持有 T 卡人数接近 7 000 万，而日本的总人口不过 1.2 亿，这意味着有一半以上的日本人都拥有一张 T 卡。背后的原因在于 T 卡用共享积分模式打通了日本 180 家企业背后的 80 多万家店铺的封闭积分体系，建立了一个分布式流量的中心化积分基础设施。用户无论在哪一家店铺内消费，只要出示 T 卡积分核销，就可以直接抵扣现金，并且每一次消费完成后会获得新的 T 积分。T 积分不是免费的，而是需要店铺向茑屋书店背后的母公司 CCC 集团旗下的通用积分平台购买。

茑屋书店的共享积分机制的优势在于把分布式的封闭私域用 T 积分进行连接，像一把钥匙打开了一个个流量孤岛。我认为茑屋模式仍是消费通证的粗糙版，原因在于其只能用通用积分标记消费轨迹，仍然不能做到精细化查询、计算和预测品牌获得这个用户私域背后付出的实际成本和未来更长时间的用户生命价值。在这样的场景下，高频低客单的业态，诸如餐饮、加油站、便利店和超市，一定会沦为低频高客单业态，诸如教育、医美、珠宝等业态的小单获客通道。

互联网的上半场，店铺、品牌和消费者创造数据，平台拥有数据，平台赚钱；互联网的下半场，店铺、品牌和消费者成为数据的创造者、所有者和获利者，真正实现流量的去中心化协同，一定是基于大数据、人工智能、区块链通证技术的深度应用，分布式的流量背后一定有中心化的大模型算法。

未来，所有消费互联网平台上底层的用户消费数据会被打通，不同用户背后是极其精细化的用户消费标签算法体系。用户每一次消费都会依据其购买的产品服务实时更新其消费标签，用户每一次消费后也会依据算法获得相应的场景积分。每一个品牌都可以通过购买的方式，从大模型算法向分布在其他品牌和店铺的潜在消费者定向推送场景积分。用户使用场景积分在其他消费场景兑换后也会实时更新其背后的多重流量推荐来源方，流量推荐来源方也能定期从用户的匹配场景消费中获得推荐收益，包括短期更大比例的引流收益分成和长期更小比例的复购收益分成。而消费者拥有通过持有不同店铺和品牌的场景积分，享受实时分红的收益。通过裂变、推荐享受实时场景积分的叠加，消费者有权选择兑换或持有。大模型将把原来平台将消费者数据据为己有进行积累的算法，靠巧取豪夺从品牌商和连锁门店手中拿走的高额营销投放费用，归还给消费者、品牌和门店，变成消费者的持证分红或积分权益，以及门店和品牌的降本增效。

大模型会支持真正的流量大数据银行出现，流量的出售和购买，流量的引流和复购，都有智能化的实时动态价格和实时动态收益，大模型流量银行则依托发行和管理 Token 消费积分而实现赢利。

第三章

协同网络的纵轴：产业数字化的协同

消费互联网与产业互联网：需求侧入口与供给侧接口

蝴蝶效应指的是初始条件下的微小变化引发整个系统长期的巨大的连锁反应，最常见的描述是一只南美洲亚马孙河流域热带雨林中的蝴蝶，偶尔扇动几下翅膀，可以在两周以后引起美国得克萨斯州的一场龙卷风。

丘吉尔说，不要浪费任何一场危机。危机对所有企业来说都像是一场大考，有危必有机，当目之所及的危机逼迫市场做减法的同时，一些蓝海领域的加法也在悄无声息地飞速生长。

如果说"非典"疫情让线下用户形成了在线交易的习惯；那么新冠疫情就是让线下商户形成在线交付的习惯。线下零售服务业态的暂停，迫使中小商户为了生存开始采取各种策略在线自救。比如餐厅，在新冠疫情期间就"不正经"地在线玩起了直播，以外卖、社区自提点和半成品配送等多种形式，在线完成了"吃"的交付。比如酒吧，在新冠疫情期间在线开启"云蹦迪"，把打碟搬到直播现场，接受着用户的云打赏，在线完成了用户"玩"的交付。再如教育机构，以直播课、录播课、音频课和在家教具套装在线完成了"学"的交付。

"非典"和新冠疫情，分别推动了消费互联网和产业互联网的发展。产业互联网是基于互联网技术和生态，对各个垂直产业的产业链和内部的价值链进行重塑和改造，从而形成的互联网生态。

随着工联网的"人机料法环"（人员、机器、原料、方法、环境）和车联网的"车路能云网"（汽车、交通、能源、信息、物联网）的发展，互联网进化开始进入深水区。

消费互联网和产业互联网的异同

在我看来，产业互联网是产业链协同的基石条件，而消费互联网则是产业互联网形成的基础设施。我总结过消费互联网和产业互联网的异同：消费互联网诞生于增量经济时代，实现需求侧的在线化，商业价值是规模，重构"人货场"，干掉线下小 B 直达 C 端，实现多个行业一个环节广度连接，自建线上集中式单向关系公域流量；产业互联网则诞生于存量经济时代，实现供给侧的在线化，商业价值是效率，重构"物机件"，赋能线下小 B 连接 C 端，实现一个行业多个环节深度连接，协同线下分布式双向关系私域流量。

两者的区别主要表现在以下 4 个方面（图 3-1）。

图 3-1　消费互联网和产业互联网的区别

首先是增量时代和存量时代的区别。消费互联网诞生于互联网早期，又身处中国经济高速增长的阶段，彼时 C 端用户刚刚接触互联网，人口红利、流量红利的双重效应让入局者都能获得收益；而产业互联网诞生于存量时代，经济增速放缓，全球经济下行，移动互联网的在线用户数和在线时长均已经到达天花板，获客成本甚至高达上万元。

其次是规模和效率的区别。消费互联网像象棋，攻城略地，赢家通吃，串联是核心能力，为消除企业与用户间信息不对称快速获得用户规模，先有规模放大后有收益；产业互联网像围棋，围东打西，合纵连横，并联是核心能力，为消除企业与产业间信息不对称获得协同效率，先有开源节流后有收益。

再次是连接方式的区别。消费互联网通过流量红利可以越过小 B 直达 C 端，形成需求侧的横向广泛在线化，形成通向 C 端的超级入口；产业互联网通过赋能体系连接小 B 触达

C 端，形成供给侧的纵向深度在线化，形成连接 B 端和 F 端的超级接口。

最后是流量平台形态的区别。消费互联网是中心化的公域流量的汇聚，站在台前，是分发逻辑；产业互联网是去中心化的私域流量的协同，隐在幕后，是协同逻辑。

产业互联网时代的"天时、地利与人和"

产业互联网时代的"天时、地利与人和"如图 3-2 所示。

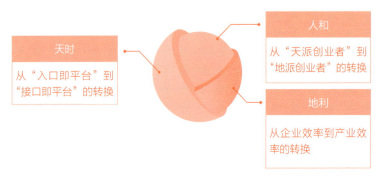

图 3-2 产业互联网时代的"天时、地利与人和"

从"入口即平台"到"接口即平台"的转换，预示着产业互联网的"天时"。

10 年前我们谈论"平台"这个词，基本会把"平台"等同于"入口"。淘宝是购物的入口，腾讯是社交的入口，美团是本地服务的入口，百度是搜索的入口等。打开手机，里面的 App 象征着消费互联网时代通往线上不同场景的大门，平台之争约等于入口之争，越来越多垂直行业的入口、垂直场景的入口、垂直调性的入口加入战场。比如，在垂直电商的风口期就诞生了包括垂直美妆、垂直箱包、垂直母婴、垂直图书、垂直服装、垂直鞋类、垂直酒类等诸多细分入口。可想而知，当入口越来越细之时，入口的价值便越来越小，最后不得不转型新入口或者并入大入口，到那时，入口之争的大战也就走到了尽头。

当 C 端全面实现了在线化后，互联网就开始逐步向更深入的 B 端乃至 F 端发展，核心指标从日活用户、月活用户的时长到损耗率、渗透率、转化率，平台的形态也从"入口"变成了"接口"。

所谓入口，指的当然是 C 端的入口；而所谓接口，则指因产业形态和链条效率的不同，连接的某一特定产业的任意两个环节。入口的逻辑是"大家都到我的平台上来，我提供中心化的分发"，而接口的逻辑是"我到大家中间去，隐在大家身后，我提供分布式的赋能"。很多时候，中心化只是我们一厢情愿的幻觉，换一个视角，反中心化才是这个世界的真相。《自私的基因》（*The Selfish Gene*）里，作者理查德·道金斯（Richard Dawkins）认为生物体只是基因临时组合的载体和生存机器，真正不断地延续以及不朽的是基因，我们自以为是基因的主人，其实我们是基因的奴仆;《人类简史》里尤瓦尔也认为，人类以为自己驯化了植物，但其实是植物驯化了人类。如果我们用小麦的观点来看农业革命这件事，在 1

万年前，小麦也不过就是许多野草当中的一种，但就在短短1000年内，小麦突然就传遍了世界各地，所谓人类的农业革命史，不过是植物的繁衍成功史。

入口是平台中心化的幻觉，接口才是平台得以生存的真相。产业互联网时代，平台不应该站在台前，让链接和服务线下百业千行的小 B 成为主角，不抢风头不"割韭菜"，只帮忙不添乱，才是未来新个体时代生意的主旋律。

从企业效率到产业效率的转换，预示着产业互联网时代的"地利"。

10 年前最热门的企业家培训课程都是聚焦企业管理，包括股权架构、OKR 管理、阿米巴组织、营销创新、战略升级等，聚焦于企业的"开源节流"。随着公司制的深入与管理水平的提高，企业管理者用尽浑身解数挤出企业这条毛巾里的水分；但如果用更高维度的视角俯瞰产业，聚焦在产业的"开源节流"，会发现产业这条大毛巾里的水分还十分充足，各个环节的信息不对称、低效率传递的现象比比皆是。

如果拥有协同网络的思维，企业家更应该把目光从企业内部转到企业外部上来，越来越多的致力于提升产业效率的公司开始出现。企业效率战的本质是竞争，而产业效率战的本质是协作。产业互联网时代，企业家不应该只关心自己公司的一亩三分地，而应该更多关注产业的风云变幻，与其被动地挤压到产业链生态位，不如主动破局，从企业家进化成产业家。

从"天派创业者"到"地派创业者"的转换，预示着产业互联网的"人和"。

10 年前移动互联网刚刚兴起之时，"天派创业者"是资本的宠儿和聚光灯下的明星，无数创业者通过一款 App 实现了人生的逆袭。他们大多不到 30 岁，擅长高举高打，擅长融资、讲故事，喜欢和投资人在一起，他们提的最多的词是"颠覆"，口中的产品是互联网交互界面。他们有一整套成熟的地推、获客、留存的高效打法，前提是有足够的融资到位。他们关心日活用户数、月活用户数，眼里只有"流量"而没有"人"，广告、知识付费、电商是他们依赖的变现路径"三板斧"。

10 年后，资本寒冬真正来临，"地派创业者"逐渐浮出水面，成为产业创新的中坚力量。他们喜欢和经销商在一起，他们提到最多的词是"赋能"，口中的产品是各行各业的实体商品。他们关心周转、物流、库存、垫资、账期，看重人效、时效和坪效，眼里看到的客户是一个个活生生的"人"。

如果说数字化、在线化相当于给产业插上电源，那么一个个垂直的产业 SaaS 就相当于家用电器，"地派"的不同行业的产业老兵相当于掌握不同手艺的匠人，产业老兵独家积累的赋能能力和经验相当于匠人的配方或者绝学，无论匠人是食神级大厨还是殿堂级美发大师，只有"匠人"使用"家用电器"产生的"独家产品"可以标准化生产，配方或绝活大规模标准化应用，对产业来说才有长期价值。单次通电的"电费""家用电器购买费"和匠人单次非标的服务都是没有产业价值的，也是不可复制的。

在 10 年消费互联网的洗礼之下，一批兼具产业手感和互联网思维的"地派创业者"正在逐渐成长成熟，他们一起为传统产业插上数智化翅膀，打造垂直产业的"陆地飞车"，产业老兵一旦懂得运用互联网，威力将会呈几何倍数放大。

有了"天时、地利和人和"，产业互联网即将迎来全面发展的时代，真正推动产业链的协同进程。消费互联网时代，C端的消费习惯可以通过烧钱补贴来培养，用感性刺激；而产业互联网时代，B端的行为却是经年累月形成，需用理性引导，每一个产业都是狭长又纵深的独立战场。如何建立产业互联网平台、建立何种产业互联网平台，都是真正完成产业链协同的关键问题。

产业互联网的形态、分类和价值

产业互联网的概念出现不久，关于其边界的划分众说纷纭。除了大家公认的通用型横向企业数字化公司和垂直型纵向产业数字化公司以外，我按照自己的理解，从不同的维度对广义的泛产业互联网平台做了几种分类（图 3-3）。

图 3-3　产业互联网平台的分类

按照企业的性质属性分类

按照企业的性质属性分为：国企产业互联网平台和民营经济产业互联网平台。近年来，国企和民营企业的产业数字化进程一直在平行有序推进。国企产业数字化平台大多构建数字技术一站式基础平台，坚持核心技术自主创新、信息安全和绿色发展，从内部企业数字化入手，从而带动产业链上下游大中型企业数字化转型，代表企业包括欧冶云商、云筑网、易派客、华能智链、中储智运等。民营经济产业数字化平台则大多构建刚需场景关键环节的数字化切入平台，从外部产业数字化入手，服务中小企业的交易、物流、仓储、金融、生产、运营各个关键环节，带动广大中小微民营企业的数字化转型，代表企业包括国联股份、汇通达、能链、贝壳、农信互联等。

按照实现路径的方向分类

按照实现路径的方向分为：F to B 型"推式"产业互联网和 B to F 型"拉式"产业互联网。

F to B 是一种"推式"的产业互联网，上游供给驱动逻辑，是传统工业化大生产的互联网化，始终把互联网当作工具和手段，用来提升原来某些局部环节的信息不对称。它的目的是优化而非重构，类似厂家直销模式，携供应链价格政策越过中间商触达流量。它的本质是经营货的思维，主要关注怎么把货卖出去，体现出低周转、高应收、高资金占压的特征。

B to F 是一种"拉式"的产业互联网，下游需求驱动逻辑。它把互联网当作基础环境而非工具，通过 B 端的数字化在线化反向重构 F 端生产组合，携流量碎片需求倒逼供应链影响供给。它的本质是经营人的思维，主要关注需求端需要什么样的货，体现出高周转、高预付、低资金占压的特征。

按照切入维度分类

按照切入维度分为：生产赋能型、管理赋能型、金融赋能型、交易赋能型和交易型。

生产赋能型对应工业互联网、工业物联网、数字孪生；管理赋能型对应企业服务 SaaS，从信息流切入，适合全品类；

金融赋能型对应供应链金融平台，从资金流切入，适合大宗商品类；交易赋能型对应供应链平台对企业（Supply chain platform to Business，S to B）平台，从供应链或物流切入，适合非标服务类；交易型对应 B to B 平台，从交易流切入，适合标品类。

按照切入的环节分类

按照切入的环节分为：生产制造互联网、流通互联网和零售服务互联网。

生产制造互联网是产业链前端的生产制造环节的互联网化，最有代表性的就是工业互联网。国内在通用平台、垂直行业平台、平台解决方案、工业细分应用、基础设施即服务（Infrastructure as a Service，IaaS）、安全等位置都形成了工业互联网初步生态。

流通互联网是产业互联网中端的流通环节的互联网化，最有代表性的是 B to B 平台。各个产业发展至今，都涌现出大量的中介组织与中间商。很多产业的流通环节到了七批八批的程度，有时流通成本会占 70% 左右。流通产业互联网平台的出现，更好地帮助产业完成了缩减层级、降本增效、集采分发的进化。

零售服务互联网则是产业链次终端的零售服务环节的互联网化，最有代表性的是 S to B to C 平台。在我看来，B 端的互联网化是最有价值的，因为它连接了消费互联网和产业互联网。一方面，它们的互联网化有助于小 B 分布式需求的集中式表达，分布式需求被数字化、在线化和集中化的过程也是产业共同体形成的过程；另一方面，有助于私域化流量的公域化回归，分散在各个小 B 手中的私域流量重新形成公域流量的过程，也是垂直人群数字经济体的形成过程，这两者都有无限的想象空间。

无论哪种分法，无论何种类型，值得关注的是，各种不同的产业互联网模式都在向一个方向演化，那就是由"轻"入"重"。"轻"和"重"一直是商业世界里拿捏手感、平衡分寸的矛盾统一体。当轻的互联网遇上重的产业，消费互联网的打法便不能够被完全照搬复制，产业互联网在获客环节、留存环节、变现环节的打法都要有所改变（图 3-4）。

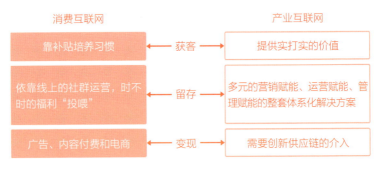

图 3-4　产业互联网与消费互联网的打法

在获客环节，消费互联网的获客可以靠补贴培养习惯，产业互联网的获客必须提供实打实的价值，产业赋能方案搭配数字化系统的获客率远高于单纯的数字化系统。

在留存环节，消费互联网可以依靠线上的社群运营，以及时不时的福利"投喂"，而产业互联网的客户则需要多元的营销赋能、运营赋能、管理赋能的整套体系化解决方案，全面的重度赋能的留存率远高于单纯的线上指导。

在变现环节，消费互联网可以连上广告、内容付费和电商"三板斧"，而产业互联网则一定需要创新供应链的介入。一旦涉及供应链，在数字化没有铺满产业链各个细分角落的前期，逃不开的是爆品研发、垫资、仓储、库存、物流、配送等"重活"。

获客重、留存重、变现重，都更有利于提高平台对小B的影响力和协同程度，产业互联网的发展自然而然地从单一切入向综合服务不断演进。

产业互联网的生根、结叶、开花和结果

在产业互联网众多模式由"轻"入"重"的演进趋势中，有一种模式在产业整合效率和价值纵深上表现出了领先性，它就是基于曾鸣教授 S to B to C 模型基础上提出的 B to F 产业互联网模型。颜艳春认为，产业互联网作为连接两个碎片化网络之间的超级接口，以打造赋能型产业共同体为己任，通过 B to F 模式，团结并全面赋能碎片化的 B 端（各类商户，承担销售服务职责的小 B），深度精准连接闲置的 F 端头部资源，从高频、刚需和海量的流量端场景切入，通过实时连接、

智能配对，形成流量垄断和价值洼地，进入低频、低量和低需求的利润区获取较高利润，最终通过降低全产业成本和提升全产业效率，形成赋能型的产业共同体。

回到本书的开头提到的，如果把产业看成是由上下游数以百万计的企业组成的"企业超个体"，产业互联网就是我们看到的这只超个体的中枢神经系统，也是产业互联网时代最大的整合碎片化市场的平台级机会。

相比之下，SaaS 更像是呼吸系统，B to B 更像是循环系统，而作为中枢神经系统的产业互联网，是产业的组织者与整合者。它的威力很大，是一个超级接口，平台一旦动起来，就带动上万家 B 端销售方和 F 端生产方形成协同网络。F 端生产方通过接入路由器实现新供给，B 端销售方通过接入路由器实现新通路，从而形成一个庞大的共同体。

如何打造产业互联网？它的商业模型如何设计规划？横向对比了多个行业的产业互联网后，作为产业互联网理论的研究者和实践者，我将产业互联网具像化地拆解为一个树状中枢系统，从根业务、叶业务、花业务和果业务 4 个维度分析产业互联网的生长过程。其中，根业务解决平台的留存率，叶业务扩大平台的货币化率，花业务生长平台的二次曲线，果业务触达平台的金融数据变现（图 3-5）。

根业务：协同网络的奇点

根业务是产业互联网的前提和立身之本，也是产业协同

果业务：触达平台的金融数据变现

花业务：生长平台的二次曲线

叶业务：扩大平台的货币化率

根业务：解决平台的留存率

图 3-5　产业互联网的生长过程

的原点。

　　根业务的成功与否直接决定了平台小 B 的黏性和留存率。单纯的在线化切入不能打动小 B，"在线化 + 根业务"才是产业互联网"打动"并"留下"小 B 的关键。我常常和项目方说，纯 SaaS 和 B to B 都行不通，SaaS+X 或 B to B+X 才叩得开小 B 的信任之门，这个 X 就是根业务。

　　根业务的前提是利他性，其中必须包含的是服务，面向小 B 的线上线下服务。如果没有真正的面对面的有温度的服务，平台和小 B 之间的连接是没有情感的。平台究竟是在收割还是真的在解决问题，时间长了，小 B 一定能感受得出来，没有温度的连接一定是不能长久的。利他是协同网络的初心所在。

　　找到根业务，最核心的关键词是解决核心客户在核心场景的核心痛点，达到可视化、可量化和革命性的赋能效果。不同行业、不同类型的客户在不同场景里拥有着完全不同的痛点，找到最有压力的场景，释放缓解客户的压力，才能快速收获客户的信任，赢得客户的安全感。

　　对于高租金压力的门店，提升坪效是痛点；

　　对于高人力压力的门店，提升人效是痛点；

　　对于高库存压力的批发商，提升库存周转率是痛点；

　　对于高退货压力的主播，降低电商退货率是痛点；

　　对于高资产压力的工厂，提升设备资产开工率是痛点；

　　对于高应收压力的经销商，提升回款周转率是痛点；

　　对于高投放压力的品牌商，提升投入产出比是痛点；

　　对于高还账压力的金融服务机构，降低资金坏账率是痛点。

　　解决关键客户在关键环节的关键痛点，一击即中，力透纸背，入木三分。如果是痒点，而且是隔靴搔痒，即使把赋能能力吹得天花乱坠，也会无人问津。群众的眼睛永远是雪亮的，用脚投票的事实永远胜过赋能能力的鼓吹。

　　在种类上，根业务可以分为基础设施赋能、商品赋能和运营赋能三个方向。基础设施赋能包括信息化系统、数字证书授权、网络安全牌照、人工智能工具、机器人服务等；商品赋能包括从 CRO（Contract Research Organization，医药合同研发机构）到 CDMO（Contract Development and Manufacturing Organization，医药合同研发生产机构），高毛利高壁垒的新品研发、深加工精细加工的半成品、背书作用的 IP 大牌全网最低价的硬通品、引流作用的目的地爆品、延长用户周期的产品订阅制组合等；运营赋能包括 OFC 线下运营管理服务、物流服务、库存共享、空间共享、员工管理、交易管理、客户激活管理、培训在线化等。

我把根业务的打造总结为"三位"、"三化"和"三高"（图 3-6）。

图 3-6　根业务的打造

"三位"指的是时间顺位、频率顺位和心智顺位。其核心是找到根业务的第一场景。兵无常势，水无常形，但流量却依据场景天然有高低势能。有的场景天然就比另外的场景和 C 端接触更早，有的场景天然就比另外的场景和 C 端接触更高频，而有的场景在用户心智上天然就比另外的场景更容易形成 C 端的会员入口。我们把"更早""更高频""更容易"形成 C 端的会员入口的场景称为第一场景。打造产业互联网，首先团结作为第一场景存在的 B 端，就意味着团结了更高势能的流量。

"三化"指的是可视化、可量化、可优化。其核心是根业务要有药到病除的实效。在实际投资过程中，我们形成了一个更简单粗暴的标准，即"3+1"的指标（图 3-7）。

图 3-7　"3+1"指标

"3"有三个方向的意思：第一个"3"是指根业务是否能够让小 B 的单业务的营收，或毛利额、净利润提高 3 倍以上；第二个"3"是根业务是否能够帮助小 B 单环节成本降低 30%；第三个"3"是根业务是否能够帮助小 B 单环节获客或者周转效率提高 3 倍以上。

"1"是指根业务是否帮助小 B 解决了 1 个极其糟糕的体验。比如申请各类许可证时线下烦琐的流程，再如菜贩凌晨需要牺牲睡眠来进货等。

"3+1"共计 4 个选项，如果说谁能做到其中某一项，小 B 对平台的黏性就会很强，谁就成功了。尤其要提醒的是最后的"1"，也就是小 B 真正的痛点在哪里，这个不是臆想出来的，而是实际存在着的。

"明略科技"作为一家在安防、工业、金融和数字城市深度落地应用人工智能的科技企业，在切入餐饮产业时，很长时间不能找到应用结合点。最后他们发现，比起各种臆想的高大上的赋能能力，餐厅后厨最需要的场景是用人工智能统计老鼠出没的次数、轨迹和洞口。原来餐厅在灭鼠工作上每年都要投入上万元，往往效果还不理想，耗时耗力。"明略科技"用 AI 识别老鼠轨迹，灭鼠效率提升 3 倍以上，成本则下降 90%，这快速连接了众多餐厅，在餐饮产业实现了应用落地。

"三高"指的是高频业务、高标准化业务和高门槛业务。高频业务指平台和小 B 最高频接触的业务，高标准化业务指平台复制化程度最高的业务，高门槛业务指平台拥有独家核心竞争力的业务。如果你的赋能业务中有符合"三高"的，那一定是根业务的不二选择。

比如，某诊所产业互联网的根业务是用数字化 3D 打印技术打印义齿，既极大节约制牙时间又极大提升植牙精度，3D 打印对牙科诊所来说符合"三高"标准的商品赋能。再比如，某母婴店产业互联网的根业务是用 AI 育儿知识问答系统协助门店建立会员社群，既极大降低运维社群难度又极大提升用户群内交互频次，它的 AI 问答也是符合"三高"标准的运营赋能。

叶业务：高毛利业务的栖息地

叶业务是产业互联网的利润来源，可以看成是产业互联网的变现层，在根业务和花业务之间发挥着承上启下的作用。仅拥有根业务的产业互联网，即使对小 B 有强黏性，也会因为没有足够的变现能力而丧失竞争力。两者恰如根与叶的关系，根负责吸收水分、矿物质和氮素，让植物有立身之本，固着土壤；叶负责光合作用合成有机物创造价值。比如农村家电产业互联网"汇通达"的根业务是大家电，叶业务是小家电、光伏、装配式住房等；"大搜车"的根业务是二手车，叶业务是"弹个车金融"和新车交易。

根业务与叶业务的关系类似"击穿业务"与"变现业务"。不同的根适合生长不一样的叶。从目前的经验看，依照变现对象不同，我把叶业务分为"存量叶业务"和"增量叶业务"（图 3-8）。

图 3-8　叶业务

存量叶业务一般发生在对 B 端存量供应链的改造上。在根业务和 B 端已经取得初步协同效应之后，路由器根据 B 端存量供应链给出更好的替代方案。比如通过集合分布式的 B 端向上获得厂家或品牌方更有利的条件。再如某五金家修店路由器，在对小 B 赋能的过程中发现，由于新房整装市场与旧房局装市场的区别，旧房翻新场景没有专用腻子和墙纸胶，用的都是以前整装的标准，干燥时间慢，至少需要 10 小时，远远超过用户的心理预期，旧房翻新场景的速干腻子和速干胶便成为其存量叶业务，自然嫁接采购需求。我之前投资过一家外卖店路由器"吉刻联盟"，一年时间实现估值 10 倍跃升，它的存量叶业务之一也是嫁接外卖小 B 端的供应链食材集采服务、大型半成品食材加工设备租赁服务和统一物流配送服务。

增量叶业务一般发生在对 B 端增量供应链的补充上。在不改变 B 端原有供应链体系的情况下，补充针对 B 端服务的终端人群的好物严选业务。比如某幼教产业互联网平台在叶业务层推出儿童保险、育儿内容宝典、儿童智能手环、儿童素质教育馆等，都是基于幼儿园服务的二次变现。又如某早教产业互联网平台在叶业务层推出金融分期和父母课堂，是针对早教机构服务的儿童家长群体。再如某母婴零售产业互联网平台在叶业务层推出精品严选，包括生鲜水果、景区年卡、民宿会员、美妆套装等，都是基于母婴店服务的二次变现。这些都是增量叶业务的典型代表。但需要注明的是，增量是针对 B 端而言，产生的收入是增量收入；而对 C 端来说，其中的产品服务则无所谓存量还是增量，关键是能激发 C 端的购买冲动。

叶业务对产业互联网的商业价值不言而喻。比如，火锅产业互联网"锅圈食汇"把火锅食材供应链作为根业务，选择在中小社区餐饮店边上开设冻品食材供应链门店，用面向 C 端的叶业务迅速实现赢利。再如，A 股产业互联网第一股"国联股份"，核心也是完成了从信息服务、集采服务到科技服务的三级跳，实现了从信息收费模型到供应链服务赢利模型的转变，"服务"永远规模不经济，而"货"是规模经济的。

根业务和叶业务的关系是先根后叶、一根多叶。但值得重点提及的是，从实际经验来看，在叶业务的设置上，要务必秉承"克制"的原则，特别是在根业务部分已经通过 SaaS 向小 B 收过费的路由器，小 B 的反转化能力极强，对二次付费存在强烈的心理排斥，在路由器团结小 B 形成产业共同体的过程中，如果在存量叶业务的设置上，故意设置多道价格或高价收割小 B，或者在增量叶业务的设置上，不懂得向小 B 分享利润，都会让路由器和 B 端之间的信任功亏一篑。比如 K12 教育机构产业互联网"校宝在线"，曾经发生了诸多校长联名抵制的情况，原因就在于它曾经直接在系统上向 C 端推荐过一个在线课程。越过小 B 变现 C 端，将直接引起不可逆的信任危机。

除此以外，还需要在"根叶距"上保持足够的克制。"根叶距"是我提出的一个概念，意指产业互联网根业务和叶业务场景之间的天然关联性。根业务和叶业务天然在品类上或场景上关联性越强，低频率、高毛利率的叶业务就越容易切入变现；根业务和叶业务天然在品类上或场景上关联性越弱，则需要考虑重新设计优先变现的叶业务矩阵。

确定完根业务方向后的首个变现叶业务的选择很重要。比如汇通达的根业务是大家电，首个叶业务设置为小家电；"大搜车"的根业务是二手车匹配，首个叶业务设置为先租后买的"弹个车"。再如，幼儿园路由器联合幼教机构可以向家长推荐绘本和课程，但是推荐食品和美妆就显得不妥；家政公司路由器联合护理机构向用户推荐健康和卫生类产品显得合情合理，但如果推荐玩具或者服装就显得不伦不类。

天然关联的"根叶距"能让变现行为变得顺畅自然，相隔较远的"根叶距"则会让小 B 有被蓄意收割的抗拒感。大量服务类小 B 没有零售基因，虽然牢牢抓住了线下流量，但没有备货的习惯和压货的意识，除了一件代发的支持以外，轻量级的会员类、知识付费类虚拟产品可能是更好的选择。

花业务与果业务：产业巨头的二次曲线

在根业务和叶业务之后，如何进一步增强路由器对网络的协同效应？属于每一家路由器的二次增长曲线在哪里？在我看来，高毛利率的业务带来的丰厚利润不应该成为路由器建设的终点，路由器进阶成为产业巨头还需要在叶业务上加设一层花业务，战略上依循一个更宏大的故事，也让路由器本身的市值和影响力提升 10 倍以上。

依据不同的行业场景和不同的原生基因，突破人群天花板，突破品类天花板，突破层级天花板，产业互联网拥有但不限于"超级数字会员平台"、"超级数字供应链平台"和"超级数字连锁中台"三种巨头的进化方向（图 3-9）。

超级数字会员平台
· "人"的集大成体现
· 一般通过单一业态门店会员叠加相近业态门店服务而来

超级数字供应链平台
· "货"的集大成体现
· 一般通过单一业态门店供应链共享到多业态门店而来

超级数字连锁中台
· "场"的集大成体现
· 一般通过翻牌改造或衍生再造赋能门店中的头部集群而来

图 3-9　产业互联网的进化方向

"超级数字会员平台"是"人"的集大成体现，一般通过单一业态门店会员叠加相近业态门店服务而来，需要会员积分等底层基础设施打通流量交换，聚焦在各个不同平行世界的人群里。由于年龄、性别、收入、活动场景、消费时间、消费区域等的差异性，不同的细分人群逐渐形成，彼此间的消费观念将越来越凸显差异性。在中国，任何一个过亿甚至过千万的"细分人群"都是一个千亿级甚至万亿级的市场。当产业互联网走到花业务层，将不仅仅是垂直产业的综合赋能平台，而将联合产业里的小 B 为覆盖到的 C 端提供"全天候、全场景、全马斯洛需求"的全套超级会员解决方案，那时将会是垂直赛道路由器之间的一次跨界竞争。第一场景的选择、击穿业务的实效、变现业务的克制当中的微妙差距都将成为路由器与路由器之间"圈人大战"的关键。

举个例子，母婴店路由器、早教路由器、幼教路由器、产康路由器最终都会切入"宝妈""养育场景"下的超级会员平台之争；医美路由器、美妆店路由器和美容美发路由器最终都会切入新中产女性"变美场景"下的超级会员平台之争。畅想一下，宝妈超级会员平台联合母婴店共同服务作为 C 端的宝妈，用户不仅可以享受母婴店的服务，更可以凭借母婴店的会员积分，畅享同城区域内的游乐场、早教中心甚至健身房的服务，更可以获得来自线上生鲜平台、新零售平台的好物特卖优惠。

"超级数字供应链平台"是"货"的集大成体现，一般通过单一业态门店供应链共享到多业态门店而来，简单理解就是成为多业态门店的"共享叶业务"。前文提到，为了突破地理半径的有限性、边际成本的有限性和服务场景的有限性，每一个独立的服务业态的门店正在成长为一个个直播间、前置仓和混业场，从有限门店升级到无限门店。

它们的升级路径大致可以归纳为：第一步，线下用户的线上化；第二步，线上用户的运营化；第三步，变现。一旦变现，就涉及供应链的重构，复杂的供应链协作体系，链条中的企业交互也往往存在巨大的沟通成本和信息损耗，而大量线下零售业态供应链的僵化，以及线下服务业态供应链的缺失，共同呼唤轻量级的超级数字供应链平台的出现。

超级数字供应链平台首先实现"中央供应链"的共享，让各种业态的小B可以通过自己门店衍生的私域流量池一件代发，轻松实现变现；之后超级供应链平台还可以实现"地方供应链"的共享，各种作为前置仓的小B可以自由上传商品，共享彼此间的库存，一旦成交，可以通过数字化系统快速实现跨门店的调运配送。真正实现一键下单、一件起运、一票结算、一日送达。比如，共享食材供应链可以赋能各级餐厅、生鲜水果店和菜场；共享MRO供应链可以赋能国企、各类工厂、建筑工地。

"超级数字连锁中台"是"场"的集大成体现，一般通过翻牌改造或衍生再造赋能门店中的头部集群而来。如果超级会员平台是深挖用户增加平台收益，超级数字供应链平台是扩大供给增加平台收益，那么超级连锁平台就是通过和头部门店融为一体共享门店的收益。

过去的加盟制度是先有"名"后有"实"，会销能力是核心竞争力，先发一块牌子，收上加盟费后再逐步输出选址、运营、管理、营销和供应链等支持。前提是先收钱来保证自己的生存，可以说是"无论黑猫白猫，能交加盟费的就是好猫"。如此一来，加盟店自然良莠不齐。

未来的合能制度则是先有"实"后有"名"，赋能能力是核心竞争力，先通过根业务深度连接门店获取数据，再通过叶业务精准变现。当门店的供应链、库存、营销、业务交付、员工管理和用户运营都需要通过产业互联网实现对用户的联合服务后，不仅门店的基因、能力和未来一目了然，改造翻牌还是再造新牌也变得顺理成章，成为合能画龙点睛的最后一步。

产业互联网不仅可以通过融合不同业态改造不同的品牌，比如母婴店路由器中，母婴店和手机店、母婴店和水育店、母婴店和产康店可以改造形成不同的融合店品牌；更可以利用赋能体系联合店主再造新品牌，比如从奈雪的茶到奈雪酒屋、从瑞幸咖啡到小鹿茶、从呷哺呷哺到凑凑等，招牌虽换，内核依旧。无论城头如何变幻大王旗，真正的"城主"永远和超级连锁平台站在一起。

根深助叶茂，春华结秋实。我把产业互联网的最高阶业务称为果业务，它是产业互联网"皇冠上的明珠"——产业银行。

作为占据银行业半壁江山的公司业务一直是中国银行业的核心优势业务和压舱石。然而，随着经济进入存量时代，这个优势逐渐褪去。一方面，银行不良贷款率逐年攀升，依靠息差的传统信贷模式一去不复返，但由于产业经验缺失和数据缺位，银行产业专业化能力始终无法得到实质性提高；另一方面，中小企业融资难日益加剧，被产业链上下游三角债和账期拖死的企业越来越多。

比银行更理解产业痛点和掌握产业数据的，是连接 B 端和 F 端的产业互联网。未来 10 年，银行 90% 的公司业务将会向产业互联网平台衍生的供应链金融业务迁移，每一个产业互联网都会结出一枚分布式"产业银行"的果实。

产业银行不仅可以推动整条产业链转型升级，还可以利用累积的产业资源和信息优势，解决上下游中小企业融资痛点。对上游供应商，产业银行可以提供保理、票据贴现等业务；对中游中间商，产业银行可以提供流动资金贷款、应收账款融资等服务；对下游经销商，产业银行可以提供融资租赁、定向担保等服务，对次终端门店扩张可以提供融资服务，通过产融数字化提升产业整体的抗风险能力。

除此之外，产业互联网能延伸消费金融的场景，利用垂直场景的精准数据联合金融机构开发新的定向金融产品，比如场景保险、消费分期等。小 B 天然离 C 端更近，是消费金融产品在消费互联网外另一重视角的资审员和风控员，辅以数字化系统可以让现有消费金融覆盖人群进一步扩大和下沉，真正实现普惠金融。

先根后叶，长花肥果。产业互联网平台在根、叶、花、果 4 层业务结构设计之下，建立需求端的网络效应、供给端的规模效应和需求与供给之间的协同效应，才能真正建立一个强大的产业数字化链主企业，也才能真正成长为一站式深度产业链集群服务商。

打造根叶花果四级业务体系后，等产业互联网平台上市，未来的延伸空间仍然巨大而广阔，国联股份从涂多多，到玻多多、卫多多、纸多多、粮油多多的"多多军团"，农信互联从猪联网，到羊联网、渔联网、玉米联网、柑橘联网的联网战队，背后都是突破层级、突破品类、突破链条的不断延伸。

产业互联网的阶段演化

任何一次大时代的变革都没有因袭之法。早期的 to B 战场一直把连锁大 B 作为战争的破局点，当然也是重点服务的对象。直到产业互联网的出现，小 B 的商业价值才开始真正被关注。

当其他模式仍寄希望于从消费互联网到产业互联网，复制网络效应时，产业互联网模式开创性地开启了协同效应。网络效应注重的是规模，在增量经济时代，一个网络的价值和使用人数的平方成某种正比关系；而协同效应注重的是效率，在存量经济时代，多少人在使用不是问题的关键，而是使用后能提升多少效率。

中国拥有 41 个工业大类、207 个中类和 666 个小类，是全世界唯一拥有联合国产业分类中全部门类的国家，从而形成了一个行业齐全的超大规模单一市场下的产业体系。每一个细分产业中，上下游数以百千万计的中小企业，都在呼唤各个细分场景的产业共同体的出现。在我看来，产业互联网是推动产业共同体形成的关键，是促进产业经济供给侧结构性改革的"题眼"（图 3-10）。

图 3-10　产业互联网是推动产业共同体形成的关键

首先，产业互联网推动碎片化流量集合化。线下分散在各个门店场景中的碎片化流量是最后一波流量红利，产业互联网有效地推动了线下流量的线上化。每一批存在于线下门店场景的老客户群都经由产业互联网转变为门店的线上私域流量池，每一个人数不多但画像精准的分布式私域流量池中的碎片化流量通过产业互联网的 SaaS 系统实现底层公有化。

某幼教产业互联网平台通过给每个幼儿园部署超级公众号，以在线招生、在线培训和在线管控等功能切入后，推出紫荆家庭教育平台，特别是在新冠疫情期间推出的在家上学计划，快速拉动上万家幼儿园的数百万家庭在线化。

其次，产业互联网推动闲置化供给复用化。俯瞰产业，大量的流量端找不到适合的产品变现，大量的供给端找不到适合的流量合作，餐饮行业闲置的中央厨房、纺织行业闲置的加工产线、内容行业闲置的腰部网红，都需要通过产业互联网实现资源的重新匹配。

"大搜车"从免费SaaS切入，在赋能汽车产业的过程中，链接了产业中的仓储物流、金融服务，拉通了整个产业链上下游资源，通过资产的共享和智能再配置，最终提升了整个产业链效率；通过"弹个车"这样的创新产品，实现了产业中闲置资源的配置，满足了传统方式无法满足的市场需求；最终通过产业互联网模式创造了新的价值，通过服务获取利润。

再次，产业互联网推动单一化数据多元化。随着产业互联网的深入，越来越多以往完全没有被关注到的运营管理中的"小数据"开始出现。以餐饮行业举例，从店内前店的收银、预约、点餐，到店内后厨的仓储、库存和供应链，再到店外更前端的营销获客，到店外更后端的研发配送，产业互联网掌握了产业链各个环节上更全面的数据。用户特定场景的小数据也能更容易地采集到，大数据不会自动埋点，只有熟悉线下服务交易流程，才能提前埋点，形成更完善的数据闭环，更为未来的数据集中管理做充分的基础工作。

"哗啦啦"推出老板通、二十二城、门店宝、点菜宝等诸多产品，涵盖了餐饮企业从食材采购、运输物流、智能厨房、仓库管理、供应链管理、门店营运、老板报表等全产业链环节数字化和在线化。

最后，产业互联网推动冗余化环节精简化。在很多垂直产业，完全越过中间商是"找死"，完全依靠中间商是"等死"。产业互联网通过反向供应链，"挟门店流量以令中间商"，有助于更高效的中间环节改造，把传统的代理商经销商改造成为区域服务商，提升整个产业效率。比如，汇通达把原本的多级代理模式缩减为"工厂-平台-乡镇"三级。

产业互联网的出现，正如《西部世界》中的"福特博士"向接待员的躯壳内植入一枚心智球，对流量、供给、数据和中间环节多个维度通过智能匹配和实时连接不断优化重构，使得原来已经库存严重积压、环节严重冗余、物流严重损耗、商户严重竞争的内部消耗巨大、遍体伤痕累累的产业，正在像生物一样开始拥有像血液一般的产业数据，正在像生物一样通过协作抱团来适应环境甚至影响环境，正在像生物一样开始拥有产业级的心智计算效用新陈代谢。

从碎片化的产业上下游到有"心智"的产业共同体，既是产业互联网改造重构产业链的过程，也是产业互联网自身不断生长的过程。产业互联网的生长大致分为三个阶段：产业插件、产业互联网和产业大脑（图3-11）。

产业插件
· 以"点"接入产业
· 工具驱动
· 单环节
· 单场景

产业互联网
· 以"线"融入产业
· 平台驱动
· 单环节
· 全场景

产业大脑
· 以"面"并入产业
· 智能驱动
· 全环节
· 全场景

图 3-11　产业互联网生长的三个阶段

　　第一个阶段：工具驱动的产业插件。产业插件是产业互联网以"点"接入产业的阶段。这个阶段的产业互联网就如同心脏搭桥支架一样，以插件的形式进入产业内部，以产业某一环节中商流、资金流、物流、信息流中的一流为切入点，用"互联网 + 产业能力 +ABCDI（A 是指人工智能、B 是指区块链、C 是指云计算、D 是指大数据、I 是指互联网及移动互联网）"，把产品或服务做到极致而且不在这个切入点挣钱。其目的是清场传统对手，让环节两端的企业可以信任并高频使用，和特洛伊的木马或者《西部世界》的心智球一样，先牢牢地插入产业。

　　第二个阶段：平台驱动的产业互联网。产业枢纽是产业互联网以"线"融入产业的阶段。这个阶段产业互联网已经正式成为产业上下游不可或缺的一部分，赋能体系或者由一个环节延伸至多个环节，或者由"五流"（指物流、商流、资金流、信息流和碳流）中的一流延伸至多流。近年来被创投圈公认的产业互联网平台的代表企业正密集进入这个阶段，它们暂时还不能影响整个产业，但能强有力地重构产业某一些环节，从而优化整个产业链的利润分配。

第三个阶段：智能驱动的产业大脑。产业大脑是产业互联网以"面"并入产业的阶段。这个阶段的产业互联网的影响力已经延伸至整个行业，成为产业协同网络的中枢神经系统，像《西部世界》人类社会中的雷蒂波系统，不仅用数字化打通了产业上下游的各个环节的神经元，还可以多角色、高并发、大规模、实时化地自动优化资源的分配，更能指导产业共同体深度自我学习，改善低效环节，淘汰低效供给，摒弃低效运营，不断新陈代谢，持续智能进化。

产业互联网的政策红利

2023 年，中共中央、国务院印发的《数字中国建设整体布局规划》指出，建设数字中国是数字时代推进中国式现代化的重要引擎。

这已经不是国家第一次大力倡导数字经济和产业数字化。2020 年，国家发改委和中央网信办印发的《关于推进"上云用数赋智"行动 培育新经济发展实施方案》中提出，构建多层联动的产业互联网平台。2022 年党的二十大报告提出，加快发展数字经济，促进数字经济和实体经济深度融合。同年，国务院印发《"十四五"数字经济发展规划》，提出要推动产业互联网融通应用，以数字经济促进产业融合发展。

一系列政策规划密集出台，产业互联网无疑迎来了产业政策红利期，也迎来了高速发展的新时代。数字经济是继农业经济、工业经济之后的主要经济形态，数字经济的两大板块中，产业数字化占数字经济比重的80%以上，是数字产业化的4倍。而产业互联网则是产业数字化最佳的实现载体和平台形态，产业互联网无疑会成为数字经济的主战场，产业互联网也将成为产业互联网最适合中国市场环境的平台模式。

产业互联网的意义在于，它既是全国统一大市场的产业实现路径，也是中国经济高质量发展的产业解决方案，还是产业集群2.0线上数字集聚形态的产业招引抓手，更是中小微企业的产业现实出路。

数据是继土地、劳动力、资本、技术之后的第五大生产要素。与传统的生产要素不同，数据具有非稀缺性、强流动性、非排他性等特征（图3-12），而现在的数据利用往往仅限于拥有数据的公司或单位，产生了数据要素割裂、数据监管分散、数据资源垄断、数据价值模糊等问题。数据需要建立一个可交易的全国统一的大市场，让有数据的企业能获利，让需要数据的企业能方便地买到合法合规的数据。

数据统一大市场的建立，可以让政府从土地财政转变为

图 3-12　数据的特点

数据财政，对应着国民经济从土地经济到数字经济。而交易效率和更多的可交易数据，取决于几件事：前期的数据确权、数据采集、数据清洗；中期的数据标准化，数据标注、数据入表；后期的数据定价、数据交易、数据流转。每一个产业互联网平台都会生长出一个产业交易市场、一个产业金融银行和一个产业物流平台，但每一个产业互联网更重要的是一个垂直产业数据要素大市场。如果产业互联网是产业数字化的发动机，那么产业数据大市场就是全国统一大市场的支柱和支撑。

透过现象看本质，政策密集出台的背后，是国家对于数字化重构国家统一大市场的深切期待。内循环背景下的存量经济时代，建立统一大市场是应对各种"脱钩断链"的坚实基础。

中国金融四十人论坛学术顾问黄奇帆认为，中国大市场有三个特点：第一，中国大市场是超大规模市场；第二，中国大市场是单一市场；第三，中国大市场具有工业制造全门类产业链系统配套市场。然而，中国大市场存在的问题涉及城乡的协同、进出口贸易的协同、供应链的协同、产能的协同等，需要借助数字化的平台和工具来进行管理和服务。

产业互联网打造过程中的核心要素

消费互联网打造的是规模网络，产业互联网铸就的是协同网络，规模网络大力出奇迹，一将功成万骨枯；协同网络跬步积千里，多年媳妇熬成婆，两种网络需要的核心能力不尽相同，打造协同网络过程中的核心要素共有以下 7 个方面（图 3-13）。

图 3-13　产业互联网打造过程中的核心要素

地面能力

欲成霸业，必先与泥土相伴。产业互联网平台不是高高悬挂的空中楼阁，而是起于垒土的万丈高台，地面能力是打造产业互联网最需要具备的核心能力。

与消费互联网平台的创始人大多出身互联网产品经理完全不同，产业互联网平台的创始人往往需要有超过 10 年以上的产业深耕经验，既要拥有重构产业的雄心和影响产业的耐心，还要拥有一呼百应调动产业的资源和"四两拨千斤"切入产业的技巧，具备互联网思维的产业"老炮儿"和具备产业手感的互联网"老炮儿"的组合创业是最佳选择。

我曾把地面能力总结为"帮 B 造节，给 B 开会"。这里的地面能力具体包括地推能力、会销能力、培训能力。地推能力是快速找到小 B 的能力，会销能力是快速转化小 B 的能力，培训能力是快速粘住小 B 的能力（图 3-14）。这三者相当于消费互联网平台建立初期的引流、转化和留存，然而这需要团队具备的能力素质模型完全不同。

图 3-14　地面能力

地推能力是产业互联网攻取地面的"霹雳车"。由于 to B 行业，产品的使用者、决策者、买单者不是同一个人，所以地推不仅是简单的攻防战，更是血淋淋的白刃战，需要讲 B 听得懂的语言，教 B 学得会的技巧，快准狠地触达商户。地推能力的考核应以"KPI+OKR"的双重标准衡量，KPI 指销售规模、利润、门店数量、活跃程度等，OKR 则是细化到地推的关键动作，如去了哪些店、待了多长时间、门店老板的评价如何等。

嘉御基金董事长卫哲主张 to B 地推应该分阶段去抓四个"率"：覆盖率、转换率、复购率、渗透率。对此我十分认可。首先集中兵力单点打透覆盖率，与其把红旗插满全国，不如先做到单城突破，重点关注单区域同类门店的覆盖比例，做好最小可行产品（Minimum Viable Product，MVP）；然后关注转换率，即多少门店在高频使用我们的系统或者插件，如果付费了但是把系统丢在一边，我们的问题出在哪里，是不是根业务的打造不在点上；之后就要关注复购率，当免费试用期满或者一个付费周期之后，有多少门店没有选择复购；最后是渗透率，关注我们切得有多深，切得越深，我们的壁垒才会越高，比如我们的 SaaS 覆盖了商家所有运营管理流程中的多少环节，我们的 B to B 覆盖了商家所有采购品类中的多少品类和数量。

会销能力是产业互联网决胜地面能力的"胜负手"。酒香也怕巷子深，无论拥有多么强大的赋能能力，要想让中小企业走出连接路由器的第一步，必须依靠强大的会销能力。会销能力不是大家想象中的传销意味浓厚的临场气氛调动和天花乱坠的演讲技巧，而是成体系的会销流程的把控输出，本质上是提升了销售效率，降低了销售成本。

某幼教产业互联网平台用接近每天一场的频率，在半年不到的时间实现了超过一万家幼儿园的付费连接，有的会场甚至实现了 120% 的转化，依靠的就是团队强大的产业资源和会销能力。

该平台的联合创始人曾说，一场成功的会销，会前的会序管理、会中的课程演讲和会后的跟进关单的贡献比例分别是 60%、30% 和 10%。

会前的会序管理包括客户邀约、目的渲染、座位安排、环境调试、客户分组、签到迎宾等多个环节。每个环节都需要极其细致的流程把控和对客户心理的把握。比如座位安排，带课桌的横排座位转化率远低于不带课桌的圆桌座位，因为商家一见课桌自然而然地就把会议看成是学习的场景，而学习与带货的心态和场景都是矛盾的。又如助教一定在和客户坐在一起，而不能坐在会场后面，因为坐在后面看不到客户听课时的表情变化，也没有办法给客户树立信任的时间。会前准备环节，甚至是音质的把控、音量的控制和音乐的切换，都需要极度符合客户心理。

会中的课程演讲也需要认真的准备。"演讲"二字，演在前，讲在后。同样一句六个字的"亲爱的老板们"，不同的人讲出来给人的感受会大不相同。课程演讲重点考验讲师的控场能力，包括破冰热场、讲趋势、戳痛点、抛工具、亮价值、报价格等标准环节，各个环节都承担着相应功能。比如，"破冰"是为了活跃气氛，"讲趋势"是为了塑造讲师形象，"戳痛点"是为了让客户感受到活动目的，"抛工具"是为了让客户了解路由器有方法能解决问题，"亮价值"是为报价格做好心理铺垫，最后报价格用经典的"三重报价话术"来推动全面成交。

培训能力是产业互联网坚固地面能力的"稳定剂"。未来公司创始人最核心的能力就是培训能力，未来所有的公司都会成为培训公司。教育培训是产业互联网和B端商户高频交互、维系情感、树立形象的最好策略。如果没有培训这样的软交互，路由器和小B之间只剩下付费、续费和结算等硬交互，极不利于和商户建立情感纽带及信任基础。路由器对小B的培训必须以结果导向为前提，培训只是手段，结果才是目的，切忌填鸭式说教，而是"我说你听、我做你看、你说我听、你做我看"的互动教学。尤其需要注意的是，课件知识培训只是稳固小B的第一步，系统工具培训、经营指导和供应链支持才是真正出结果的关键。

某家居建材产业互联网平台就把自己改造成了一家面向

大牌家居工厂的培训公司，但它输出的不是课件知识，而是直播落地服务方案。它通过自建线上直播团购商城系统，创造了以"社交＋流量"的直播签单营销模式，也创造了"中央＋地方"直播间的共享供应链模式。它面向 B 端，赋能工厂，间接赋能工厂大牌的线下门店，组建了无限裂变获客、KPI 自动执行、直播促单系统，并且培训门店的店员导购利用海报、集赞、浏览、聚群、秒杀等裂变方式，形成朋友圈的覆盖，由量变产生质变，形成主动意向客户报名，将大牌线下门店流量线上化，之后再用完整的直播间装扮、运营、成交、报价流程培训工厂大牌的运营团队，在中央直播间发起超低价格的限时优惠，共享地方直播间的流量，完成成交转化。依靠这种模式，它已与全国多家家居建材头部企业达成了合作。它的某场落地直播中，仅仅 3 个小时，就实现观看总人数超过 600 万人、收获精准客户 300 万人、直播间下单超 10 万份的战绩。

合伙人机制

消费互联网是空战模式，成就中心化的帝国；产业互联网是地面战模式，成就分布式的盟国。

产业互联网的推进需要稳扎稳打、寸劲寸进。在流量堪比黄金的时代，创业者认为，互联网的出现就是消灭中间环节、消灭代理商经销商，但很多互联网平台却最终成了最大的代理商，最后的结果虽然在一定程度上实现了垄断，但整个产业的效率却不升反降。现在看来，互联网不仅降低了交易成本，也同样大幅降低了中间商的交易成本，中间链条在部分产业可能会缩短，不过中间商非但不会消失，而且还会承担越来越重要的功能。选对区域合作伙伴、设计好区域合作机制，是产业互联网平台开疆拓土的关键。

设计产业互联网的合伙机制要遵循以下三个步骤（图3-15）。

选择产业互联网合伙人
区域资源人士、区域头部连锁
机构、区域流通服务商

设置产业互联网合伙人
秉持共同体的合作心态

确定产业互联网区域合作机制
强关系的"根据地"模型

图 3-15　设计产业互联网的合伙人机制的步骤

首先，设置产业互联网合伙人，需要秉持共同体的合作心态。合作心态看似虚无缥缈，其实是产业互联网能否真正落地的前提。虽然近几年，无论是平台方还是品牌方，都把合作的代理商、经销商改称为"城市合伙人"，换成了更体面的马甲，然而双方的关系却没有发生本质的变化。无论是否被称为"城市合伙人"，在平台方眼里，区域合作伙伴开拓小

B 的价值远大于他们服务小 B 的价值。大多数新平台、新品牌关注的是，先在"城市合伙人"这里赚上一笔加盟费，再借假修真，用完"城市合伙人"之后，把小 B 统一收归平台。正因为有这样的心态，产业链上下游之间也成了"镰刀和韭菜"的不健康的关系，每一把上游的镰刀都磨刀霍霍割向下游的"新韭菜"，而每一棵下游的"韭菜"也有一颗收割更下游"韭菜"的心。结局是零和博弈，非但没有成为共同体，反而成了对手。产业互联网时代，呼唤新的利他的核心商业文化，共同体的心态是成就产业互联网平台的前提。

其次，选择产业互联网合伙人，一般聚焦在区域资源人士、区域头部连锁机构、区域流通服务商三类人群身上。这三类人群各有特点，分别适合团结不同的业态，区域资源人士有地方人际资源和政府资源，一般适合整合生产类企业；区域头部连锁机构在当地业态中有一定的行业影响力，一般适合整合线下服务类机构；区域流通服务商有各类品牌代理资源，一般适合整合线下零售类门店。当然具体选择哪类人群作为产业互联网的区域合伙人，应该完全依据具体业态来定。

某幼教产业互联网平台在选择区域合伙人时，就遇到过几次挑战：一开始，创始团队选择幼教装备代理商作为合伙人人选，结果发现在幼教行业，装备代理商和园长的关系是乙方和甲方的关系，代理商很难真正影响园长；之后他们又选择区域资源人士作为合伙人人选，也同样发现不合适，商业化进入尴尬境地；最后他们选择当地最有名的或者规模最大的幼儿园园长作为区域合伙人人选，这才发现找对了人，每个园长都认识至少十个园长，在当地同行中具有很强的影响力。

不光是区域伙伴要找对人，赋能的对象小 B 也要找对人。

构建产业互联网的协同网络，找对人是其中的关键。

最后，确定产业互联网区域合作机制，相比于弱关系的"办事处"模型，我更看好强关系的"根据地"模型。很多平台一上来就求大、求全，热切盼望"红旗插遍全国"，而我更看重的是单人突破、单店突破和单城突破。所谓单人突破，指的是产业互联网真正协助小 B 在单个客户上收获更大价值。所谓单店突破，指的是产业互联网真正协助小 B 实现门店坪效、人效和时效上的质的突破。所谓单城突破，指的是产业互联网在某一特定程度覆盖赋能小 B 的密度。只有真正实现了这三个突破，才能打磨好区域 MVP 赋能模型，形成区域规模效应。

一个好的区域"根据地"模型是由正规军、别动旅和民兵连共同合作组建的。其中"正规军"指的是产业互联网公司派出的督导，"别动旅"指的是产业互联网公司的区域合伙人，"民兵连"指的是区域关键意见商户，简称 KOB。督导好比手臂，负责连接中央和地方；合伙人好比手掌，负责地方的赋能落地；头部门店好比手指，负责形成区域产业同盟，巩固并触达到区域每一个角落。

7-11 便利店的 OFC（Oxygen Free Copper，营运指导专员）机制就是督导的标杆案例。7-11 便利店的 OFC 超过 3 000 人，他们每人负责 7~8 家门店，从事一线门店经营指导的顾问工作，帮助这些门店一起成长。他们一周到店两次，每次停留指导 3~4 小时，每周一都会从全国各地返回总部开会。在经营者赋能方面，小到从标准化的寒暄用语、结算时的待客行为等，大到进货和陈列管理、库存分析等都有 SOP（Standard Operating Procedure，标准操作程序），并且会持续进行培训和手把手辅导，更重要的是还会持续收集门店需求，并依据需求反向进行新品研发。

怡亚通、汇通达、信良记等产业互联网平台都是不同产业区域协作机制的阶段性成功案例。其中，汇通达的"区客店代"协作机制尤其经典。

"区"是指汇通达分部的区域运营经理，分部是汇通达总部的区域性派出机构，基本以省为单位，主要负责区域的标准制定、培训管理等；"客"是指负责发展运营乡镇会员店的客户经理，隶属于区域合资公司，是整个地推队伍的主体，每个人"包干"几十家会员店，负责面对面谈、手把手教；

"店"是指具体覆盖店，汇通达将所有会员店的后台连接起来，整合其需求信息，统一向上游厂商采购商品，但前端仍充分保持其灵活性，不要求统一门头、标志、价格；"代"是指会员店旗下的代理人，由会员店自行发展，一般是村里的KOC（Key Opinion Consumer，关键意见消费者），一个会员店往往拥有二三十个代理人。他们一方面宣传转发店铺信息；另一方面也留意村内动向，积极收集成交线索。区域经理负责督导区域合资公司、培训客户经理，区域合资公司及其旗下的客户经理负责服务会员店，而代理人则负责支持会员店更好发展，依靠"区客店代"的协作机制，汇通达于2022年2月18日正式在香港联交所挂牌上市。招股说明书显示，截至2021年9月30日，汇通达拥有57 074家活跃会员零售门店、13 653家活跃渠道合作客户以及4 268家供应商，覆盖全国21个省及逾2万个乡镇，拥有超过17.5万个sku的零售生态。

一个好的区域协作机制一定能推动产业互联网、区域合伙人和赋能门店之间形成产业共同体协同网络，实现精神联合体和利益共同体的有机结合，无论是长期的股权激励还是短期的现金激励，区域协作机制的设计永远是成就产业互联网的艺术和技术相结合的关键支撑。

科学分钱体系

产业互联网有三大壁垒，即需求端的网络效应、供给端的规模效应和需求端供给端之间的协作效应。如果离开了连接两端的协作效应，产业互联网就会立于危墙之下，随时有崩塌的危险，而协作效应的前提是科学分钱体系。无论是在组织内部还是在跨组织之间，都需要一套基于过程行为管理的分钱机制。

某家居建材产业互联网平台就通过建立组织内部的科学分钱机制，快速形成了协作网络。它的运营方法论概括起来就是"三板斧"，即全员PK、出圈裂变和虚拟卡券。

全员PK的机制设计就是科学分钱体系的一次成功实践。该平台的运营团队通过数字系统管控每一个知名品牌客户千余家门店下的万余名员工，把他们的薪酬体系从"固定工资＋销售提成"模式，改成"过程奖励＋结果激励"的模式。在传统场景里，每个家居品牌门店的销售员工每一天的工作是离线的、被动的、无法追溯的、结果导向的，他们被动地在店里等着顾客上门，用同样的销售话术进行推销，介绍产品的特点和店内的折扣，然后软磨硬泡留下客户的联系方式，或者强塞给客户一张销售名片，最后无力地任由客户离开。销售全程离线化，无法追溯过程更无法优化过程，而经过该团队改造后的销售员工的工作是在线的、主动的、可以追溯的、过程导向的。每个店员每天的销售过程可以被分段在线化，每一次客户微信的添加、每一张直播海报的发送、每一个二维码被扫入、每一次直播间被预约、每一个引流礼品的点击和裂变，所有的行为都可以被追溯、记录和量化评分。

为了更好地激励店员，该团队还创造性地设计了"token 激励法"。他们把每一类店员的销售分段过程行为，都赋予不一样的权重分，比如添加好友 1 分、点击海报 2 分、预约直播 3 分、转发裂变 5 分、下订卡券 10 分等。每一个店员每一天所有销售过程的行为乘以权重分，就等于店员一天的过程分。每一个门店每天所有店员的过程分，就等于这个门店一天的过程分。每一个城市所有门店的过程分，就等于这个城市一天的过程分。店员、门店、城市，每天进行三个层级的全面 PK。为了让 PK 更有力度，该平台直接要求店员每人缴纳 PK 金，总部再配备更高杠杆的营销费用，每一天的 PK 实时排名，一个阶段的过程总分直接按比例分配奖池中的奖金，店员实时提取、实时到账。最后在直播间下订虚拟膨胀金（指购买 100 元膨胀金在指定期限内下单时可以当 1 000 元抵扣，也就意味着原来的 100 元膨胀了 10 倍，是促销打折的一种手段）的客户还会溯源分配给对应店员，如果到店后转化成交，销售提成仍旧归属店员。这样的"过程奖励＋结果激励"的科学分钱模式，本质是过程即时奖励，挖矿（任务）即奖励（Token），改变了原先店员的传统分钱机制，大大激发了店员的销售热情。

贝壳找房则是通过跨越组织间的科学分钱机制，建立了业内闻名的经纪人合作网络（Agent Cooperate Network，ACN）。

房地产中介行业是一个反协作、重博弈的行业，因为客单价高、需求极度非标且低频、客户间信息严重不对称，所以存在大量博弈的空间。上下游用户 C 端单次博弈导致服务质量差，同行间 B 端零和博弈导致服务效率低，信息间价格博弈导致服务收益少。贝壳找房经过多年实践和深度梳理，整理出经纪人达成成交结果过程中的 10 个环节，从卖方环节的房源发布、照片采集、房源备案、钥匙保管、房源维护，到买方环节的客户推荐、房源展示、撮合交易、文件准备和交易签约。10 个环节背后对应的是经纪人工作的 10 个过程，分别是卖方环节的房源录入人、房源维护人、房源实勘人、委托备件人、房源钥匙人，到买方环节的客源推荐人、客源成交人、客源合作人、客源首看人、交易或金融顾问。ACN 的出现，赋予同品牌和跨品牌的经纪人，不再是零和博弈关系，而是邀请他们以不同的角色共同参与到一笔交易中，成交后按各个角色的分佣比例进行佣金分成。ACN 将原本复杂封闭的经纪人成交程序标准化、分段化、角色化后，每一个来自不同门店、不同经纪品牌，甚至是不同地域的经纪人都可以高效协作，最终大家共同促成交易，完成科学分钱。

在这个架构中，以房源流通联卖为基石的"房"的合作网络，极大提高了房源数量，打破了门店、品牌乃至地域的限制；以跨店成交比例管理为基石的"客"的合作网络，为客户带来了极大的跨越时间和空间的便利；以信用分积累为基石的"人"的合作网络，极大促进了经纪人的良性竞争和过程追溯，经纪人贝壳分、贝壳币的推出更是能实现"积累过程数据—提高贝壳分—增加核心权益—提升成交概率"的正向良性循环。

这样跨组织的协作网络不仅仅出现在房地产中介场景，大量 C 端单次博弈，B 端零和博弈的场景都非常适合构建这样的网络，包括猎头、融资、月嫂、汽车等多个高客单且复杂非标成交场景同样适用。

市场营销能力

C 端用户是消费逻辑，下单背后是单人感性的冲动；B 端客户是采购逻辑，下单背后是多人理性的决策；相比于 to C，to B 的决策流程更复杂，决策周期更长，这也意味着 to B 的营销周期更长，单个客户的覆盖用户更广。然而，相比于消费数字化平台，产业数字化平台对于营销的重视和投入都远远不及前者，老板们也常常不愿意站在台前，他们喜欢默默运营，这也从侧面反映出产业数字化平台市场营销和品牌 IP 打造领域可以提升的巨大空间。

消费数字化平台因为其互联网属性，注重通过线上营销触达用户生活场景里的每一块"屏"，无论是手机屏、电脑屏，还是车站机场的大屏、电梯的中屏甚至丰巢柜上面的小屏；而产业数字化平台则因为自身的产业属性，需要通过更立体的营销体系来进行策划和组织，并且针对不同画像的客户采取不同的营销策略。

对小微企业来说，线上批量化投放和线下规模化地推是营销的核心；对中型企业来说，做好数字化、内容和活动，则是营销的关键；而对大型企业来说，做好 BD（Business Development，商务拓展）、资源推荐、圈层链接才是营销的正确姿势。

我们以中型企业客户为例，数字化的背后是做好自域官网、公域进粉和私域工具。首先，除了产品展示和报道领导来访，官网需要有完整的转化系统，首页首屏有注册入口，且有翔实的解决方案页面，以及大量内容、活动和直播的报名入口。官网带来的自然线索，统一流入整体的营销云，持续孵化和标记后推给客户关系管理（Customer Relationship Management，CRM）完成转化的动作。其次，公域进粉则是在垂直产业媒体、产业信息网站、产业社区等场景做好精准种草投放。设置公域转私域的入口，同样流入营销云。最后，私域工具则是指挑选出用户最常用最刚需最高频的业务场景，从数字化系统中单拆出来工具插件，作为引流工具，增加用户的触达、转化和留存。

电子元器件产业互联网"硬之城"就把智能 BOM（Bill of Material，物料清单）配单工具单拆出来，打造成私域引流工具，基于亿级实时元器件"sku+ 产业链大数据"，实现 3 秒 98% 可交付 BOM 报价，寻源效率提升 10 倍，成为中小企业的一站式采购的流量入口。

营销内容有低级、中级、高级之分（图 3-16）。

图 3-16　营销内容的不同层次

低级营销内容是一味宣传自己企业的内容，比如领导来访、团队获奖、产品专利技术等。"八股文"式的新闻报道和没有情绪的网文帖，既很难引起员工共情，也很难引起客户共鸣。

中级营销内容更多是从介绍产业、起底内幕、研判趋势等角度出发的营销内容。相比站在企业角度做营销，站在产业角度更能引发读者和观众的兴趣，因为产业的痛点、问题和解决方案与企业需求更相关，会引发企业更多的兴趣和关注。有趣话题和火爆热点的结合，也更容易帮助平台出圈。

高级营销内容则更善于打造行业 IP。随着流量从图片文字时代向影像视频时代迁移，垂直行业媒体也将会迎来一波洗牌，每个行业都会出现自己的意见领袖。原来的媒体会被更有温度更有态度的行业 IP 取代。一旦建立 IP，就会超越公域和私域，成为客户主动搜索、主动追随的专家，自然就能为之后的转化带来更有质量的商机线索。

高级营销内容除了有助于打造行业 IP，出版行业书籍，也有助于快速提升营销势能。比如，营销自动化厂商"致趣百川"就以 B to B 营销白皮书闻名于行业。再比如，企业服务知名投资机构"高成资本"也通过一年一本国外企业服务领域的译著不断展示着它的专业性。

活动的背后更注重不同线下场景的不同功能。我将 to B 营销活动总结为"会、节、赛、课、盟"5 字决："会"是开会，"节"是造节，"赛"是办赛，"课"是授课，"盟"是结盟。开会有助于广收线索，造节有助于整合资源，办赛有助于筛选品级，授课有助于教育市场，结盟有助于建立共识。

每种场景又可以分别进行更细的拆分。比如"会"，千人级别的大会承担品牌宣传功能，100~300 人规模的中型会议承担精准获客功能，10~30 人规模的小型私董会承担现场转化功能。又比如"节"，国联股份发起了"双十电商节"，整合了十大产业、五十大主营品类和 10 000 多个 sku，从 2016 年的 7 400 万元成交额暴增至 2022 年的 172 亿元成交额；汇通达推出的"农民丰收节"，在造节期间高效地完成了农产品上新、新农人培训、农村会员店数字化转型等多项集中活动。

私域直播运营

直播毫无疑问是充满不确定性的 2020 年以来的确定性风口，也是产业互联网平台的新动力。无论是接不到戏的演员、走不了秀的模特和卖不出货的老板，还是在做内容的电商平台、在做电商的内容平台和在做内容电商的社交平台，直播似乎都能成为它们的一剂强心针。然而，全民直播的繁荣背后，呈现出"几家欢乐、几百家愁"的局面：一方面，恶性刷单、天价坑位、劣质产品、佣金陷阱屡禁不止，主播、产品、MCN 三方互相挖坑、互相博弈、互相拉踩；另一方面，董明珠代表格力电器在网上直播带货，当天的累计销售额高达 65.4 亿元，创下了家电行业的直播销售记录，更有林清轩、慕思床垫、欧派家居、金牌厨柜、恒洁卫浴等多家品牌创下单场 10 万单的成交记录。同样是做直播，有人大获成功，有人损失惨重，直播是毒药还是神器，对产业互联网平台的建立又有什么特殊的意义，值得我们认真思考和总结。

直播和互联网、云计算、区块链和人工智能一样，本身没有对错之分，关键在于使用的人和使用的方法。我通过相当长时间的观察、研究和实践，发现直播也有消费互联网和产业互联网两个基本逻辑。简单来说，消费互联网逻辑下的直播是中心化公域直播，追求规模；产业互联网逻辑下的直播是分布式私域直播，追求效率。盲目的中心化公域直播"劳民伤财"，科学的分布式私域直播"名利双收"，两者的适用对象和适用场景天差地别，分布式私域直播的能力能在最短时间内反客为主，团结小 B 的流量。

具体来说，中心化公域直播和分布式私域直播有以下四个方面的区别（图 3-17）。

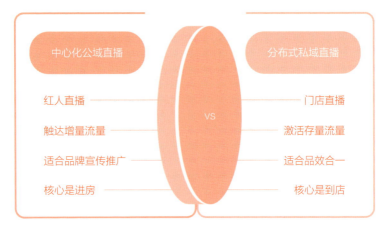

图 3-17 中心化公域直播和分布式私域直播的区别

区别一：中心化公域直播是主播直播，分布式私域直播是门店直播。

中心化公域直播顾名思义，是在公域流量平台的直播，无论是 GMV 公平的淘宝直播、算法公平的抖音直播，还是价值观公平的快手直播，抑或拼多多直播、哔哩哔哩直播、小红书直播、蘑菇街直播，都遵循消费互联网的逻辑——集公域平台之力选择、打造头部主播，再联合头部主播用佣金机制收割品牌。因为流量是公域平台的，头部主播离开公域平台就无法直播。所以主播直播更像是出海打鱼，每出海一次就要缴纳一次出海租船费，还要和船家平分打捞收获。

分布式私域直播则是遵循产业互联网逻辑，在线上流量红利消失之时，最便宜最精准的流量其实在线下近千万家各个不同场景的门店当中。门店直播，本质上是用更高效的方法实现门店线下流量的在线化。看似流量极度碎片化，一家连锁企业区域是分布式的，区域里的门店也是分布式的，门店里的导购店员更是分布式的，然而，这些积累在万千导购和店长手中的流量是门店自己的。积土成山，积涓成湖。全国大大小小分布式的私域流量直播像是蓄水开塘，分布式的私域流量像是一条条细微的支流，共同汇入连锁品牌中央直播间这个大水塘中，可以经营培育、反复触达。

区别二：中心化公域直播触达增量流量，分布式私域直播激活存量流量。

品牌做中心化公域直播的坑位费本质上是品牌借助红人触达到公域平台流量的投放费，无论现在的人和货的匹配算法如何精准，触达到的流量都是之前品牌没有办法触达到的增量流量，让"不知道自己知道"和"知道自己不知道"的用户变成"知道自己知道"，但是增量流量可以触达，不能获取。移动互联网时代，最难的事就是获取增量流量。公域平台一定会想方设法保护其对流量的所有权和主播对流量的经营权。

分布式私域直播则是通过科学的组织和系统的执行，用中央直播间波涛汹涌的"造节"和地方直播间的细水长流的经营，激活原本就和门店产生过连接的存量流量。他们"知道自己知道"，但通过私域直播可以变成"知道自己喜欢"。他们有的是到过一次门店，但不是常客；有的好友是门店的会员，但自己还没机会去门店逛逛；有的是之前是门店的会员，但好久没来门店再次消费了。对于门店来说，激活存量流量比获取新增流量要简单太多，而且激活的流量可以产生复购、多次触达。

区别三：中心化公域直播适合品牌宣传推广，分布式私域直播适合品效合一。

中心化公域直播看上去是"人带货"，其实是"货带人"。在公域平台，头部主播看似用他的流量在赋能品牌，其实是品牌用全网最低和秒杀奖品等一系列的条件在赋能主播，主播依靠品牌的牺牲和补贴不断巩固着流量的黏性。公域直播之所以不太适合成熟大牌或者连锁品牌，是因为头部主播的议价能力，会让用户对品牌的正价越来越无感，品牌逐渐失去品牌能力，"最低价"也很有可能会打破品牌与经销商之间的多年利益分配规则，导致品牌无法控价。触达"出圈"的流量是公域直播的核心功能，保证触达，但不保证销量，所以更适合新锐品牌的宣传和大品牌新产品的首发。

分布式私域直播看上去是"货带人"，其实是"人带货"。在私域阵地，连锁门店看似用品牌号召力在吸引用户，其实是连锁体系的重要流量单元—店员导购作为神经末梢在推动着流量的汇集和引爆。有成熟的连锁专卖体系或者成熟线下代理经销体系的品牌商，其实更适合启动私域流量直播。

同样是流量单元，MCN控不住主播，门店却控得住店员，这就从起点注定了两种直播的不同效果。

区别四：中心化公域直播核心是进房，分布式私域直播核心是到店。

中心化公域直播的场景闭环是纯线上，而分布式私域直播的最佳场景闭环则是从线下到线上再到线下。腾讯直播总监曾经总结了公域直播和私域直播的两个公式：

公域直播 GMV= 公域流量 × 进房率 × 转化率 × 客单价；
私域直播 GMV= 私域流量 × 裂变率 × 转化率 × 复购率 × 客单价。

从这两个公式可以看出，裂变和复购是私域直播的重要变量。

如果结合线下连锁门店直播场景，私域直播最应该关注的是到店率。如果只有线下到线上，那很多成交就会局限在直播场景的价格舒适带；如果从线上回到线下，只有吸引用户进店，才有机会实现更高客单价商品的成交。我们经过很多调研和走访，发现到店是连锁门店直播的第一刚需，特别对于低频、高毛利率、高客单的零售业态，直播的本质是实现线下连锁的销售会销的在线化，通过销售优惠券膨胀金或者赠送抽奖奖品到店自提等方式，吸引用户到店。

中心化公域直播映射的是消费互联网时代的网络规模效

应，以 GMV 为导向；分布式私域直播映射的是产业互联网时代的网络协同效应，以利润为导向。前者更多实现触达增量，适用于新产品首发；后者更多实现激活存量，适用于大品牌动销。只要平衡好产品价格和主播的影响力，中心化公域直播在不同的公域直播平台仍旧有不可或缺的作用。但相比公域直播，分布式私域直播才是更多品牌和连锁门店在产业互联网大战略下，更应该选择一条艰难而正确的道路。

孵化自有品牌

如果汇聚和运营流量的能力是让产业互联网值钱的关键，那么孵化和打造供应链的能力就是让路由器赚钱的关键。流量是产业互联网的开局，供应链则是路由器的决胜点。随着平台商品同质化的比例越来越高，提升平台联盟、联合、联营的供应链比例，越来越成为平台的核心竞争力之一，无论"花业务"是不是超级供应链平台，"叶业务"里都一定会碰"货"，而且越早碰货，越有利于产业互联网平台越早建立正向现金流的能力。

消费互联网建立的是中心化的公域流量平台，而产业互联网团结的则是分布式的私域流量联盟，无论是线上或线下，也无论是公域或私域，只要有流量的地方就永远会有渠道和品牌的博弈：一方面，品牌都希望自建渠道；另一方面，渠道往往也在孵化着品牌。

在线上，在公域流量平台上，因为消费互联网的赢家通吃效应，一直是渠道为王；而在线下，当层层向下的经销商、代理商和碎片化的门店被产业互联网的数字化浪潮开始裹挟的时候，原本线下分布式的流量通过产业互联网开始集中，渠道的力量也开始日益凸显。以一瓶洗手液为例，线下夫妻便利店里的价格是 13 元，里面包含有至少 7 元的多次人工搬运与物流费用和 3 元的租金与人力成本；而拼多多 App 上 7.9 元的同厂生产的洗手液则包含 4 元的物流费用和 0.9 元的平台提成。渠道和品牌在这个品类上的争夺结果一目了然，双方的天平开始向一方倾斜，渠道品牌的影响力在越来越多的方面开始掩盖产品品牌。

科学的碰"货"是产业互联网平台必须具备的核心能力，因为你不可能把赋能的所有小 B 店里的货都换成你的货，品牌商不答应，小 B 也更不答应。根业务的切入点不同，以及赋能的门店业态不同，都会直接影响产业互联网碰"货"的难度。以 B to B 切入的平台一定比以 SaaS 切入的平台离"货"更近，赋能零售业态的平台也一定比赋能服务业态的平台离"货"更近。一般来说，碰"货"的难易顺序按代理品牌、IP 联名品牌、渠道品牌和产品品牌依次升高，在渠道上孵化出产品品牌的难度是地狱级别的，哪怕是淘品牌、微品牌和抖品牌，真正成长为产品品牌的也乏善可陈，但这并不妨碍各种业态会出现大量销售破亿元甚至破 10 亿元的渠道品牌，这也是留给产业互联网平台的"奶牛业务"。

产业互联网平台孵化新渠道品牌，需要选择正确的团队、正确的品类和正确的方法。

首先，正确的团队包括头部大牌代工工厂、连锁渠道顶级产品经理和互联网品牌操盘手三类角色。后疫情时代，大量依靠外贸的头部产业代工厂托产滞销，这正是进入国内新渠道品牌战场的最佳时机。中国拥有全球最完整的供应链生产体系和最快速的供应链反应速度。产业带基地和其中的头部工厂都是产业互联网平台应该首先积极团结的对象。除了头部工厂外，产品经理和品牌操盘手也是渠道品牌不可或缺的两个角色，产品经理有成熟自营品牌研发打造洞见，品牌操盘手有成熟的互联网品牌营销的套路打法。前者被连锁零售行业孕育，后者被新消费创业潮催生，现在都到了重新组合的时候。组建正确的团队，新渠道品牌就成功了一半。

其次，选择正确的品类对渠道品牌的孵化也至关重要。首先明确选什么品类开始做自有品牌，好的切入点会带来事半功倍的效果。以餐饮供应链举例：美团"快驴"从米、面、粮、油开始切入，这是一般餐饮产业互联网平台不敢触碰的，非大平台不可为；"宋小菜"从葱、姜、蒜起家，之后延伸到茄果类、根茎类、叶菜类；"信良记"从小龙虾单品起家，开始延伸到酸菜鱼、香辣蟹、牛蛙；"食通达"从创新菜品的汤料包、酱料包、调料包切入，目的是延伸创新菜品、创新饮品和创新礼品。它们各有特色，也才都能快速起盘。

我对孵化品牌的品类选择有"三低三高"的方法总结（图3-18）。

图 3-18　孵化品牌的品类选择

　　"三低"指的是低品牌度、低研发投入、低品牌半衰期。低品牌度指的是在该品类中没有跟品类画上等号的成熟品牌；低研发投入指的是该品类的产品不需要太高比例的研发投入，如果研发费用太高则更适合商业巨头参与，不适合刚刚度过根业务阶段的产业互联网平台；低品牌半衰期指的是相对周期更长的品类，而不是速生速死的快速品类。

　　"三高"指的是高动销、高毛利率和高销量。高动销品类能降低新品牌的库存周转压力，也能用同样的钱让品牌更高频地出现在用户面前；高毛利率是相对红海大通品而言更能打动小 B 的新品；高销量是指品类相对大众、天花板更高的产品预期。

　　宠物店产业互联网平台"宠知道"在孵化自有渠道品牌时，就先通过品牌度删去了主粮，通过研发投入删去了药品，以及通过频次删去了玩具，最终把渠道品牌"诺宠严选"的切入品类确定在豆腐猫砂、基础款猫罐头和冻干上，这便快速打开了市场。

最后，选择正确的方法是打造自有品牌最后也是最关键的一步。好产品不一定有好口碑，便宜的产品也不一定有好口碑，又好又便宜的产品还不一定有好口碑，只有"超预期"的产品才会有好口碑。反向是正确方法的初心前提，产业互联网的核心就是 B to F，通过销售额、毛利额、毛利率、销售数量、会员标签、品类连带率等多重数据反向指导产品的研发和优化。

锚点是正确方法的会心一击。无论是锚定功能，还是锚定场景，抑或文化 IP，"多快好省稳独新"七个字一定不能全占，能做透其中的两个字的就已经极其优秀。组合是正确方法的核心玩法，渠道品牌的主力爆品一定要和主力流量品组合使用。比如小米充电宝之于小米手机，小米测水笔之于小米净水器；再比如一款纸尿裤的渠道品牌就搭配了包括爽身粉、湿巾、纱布巾、按摩油、护臀膏在内的诸多流量品，搭配爆品组合营造"舒适场景"。

融资能力

一个好的创始人一定是一个既会做漂亮的数据，又会讲动人的故事的创始人。漂亮的数据对应造血能力，能让企业更赚钱；动人的故事对应输血能力，能让企业更值钱。同时，融资能力也是很多传统产业互联网创始人必须要努力练习的能力。

当前资本市场风云变幻，创投环境与消费互联网时代相比发生了诸多剧烈而深远的变化（图 3-19）。只有理解这些变化，我们才能更好地制定科学的融资策略和融资路径。

图 3-19　产业互联网时代创投环境的变化

创投环境的第一个变化：资本流向正在从全球融合到阵营对立。

消费互联网时代人民币基金和美元基金相互融合，美元基金在国内知名度和影响力甚至大于很多人民币基金，也投资了很多国内知名的消费互联网平台，而现在由于大环境的变化，美元基金在国内的处境非常尴尬，募不了人民币、投不进硬科技，很多科技型企业对是否要拿美元基金的钱也非常慎重和克制。

创投环境的第二个变化：资金供给正在从两头在外变成

两头在内。

在过去退出通道多元通畅，企业可以根据需求选择在 A 股、美股或港股上市，很多优秀的互联网企业首轮融资拿的就是美元基金的钱，最后的上市也选择在美股，这就是所谓的"两头在外"，但是现在越来越多的企业首轮融资拿的是人民币基金，拿的是国投和地方政府的引导基金，最后的上市也是选择在 A 股。路径不同的背后是国内 GP（普通合伙人，泛指股权投资基金的管理机构或自然人）的格局发生了重大的变化。原来是美元基金和民营人民币基金为代表的独立 VC/PE（风险投资 / 私募股权）独领风骚，现在是独立 VC/PE、上市公司和产业龙头的产业投资基金、国投和地方政府引导基金三分天下。

创投环境的第三个变化：创业人群从大众创业人群到高质量创业人群，创业主力也从大学生、年轻人变成了上市公司实控人、科学家和大厂高管三大类。

创业人群画像的转变也昭示着产业互联网和科技创业时代，对创业人群能力、资源、产业背景、技术壁垒的更高要求。

创投环境的第四个变化：上市路径从核准制上市的堰塞湖向注册制上市的循环池的转变。

长期来看，上市公司会通胀化，上市的门槛会变低，但上市公司的壳价值会不断缩小，IPO 套利时代将会终结，上市公司间的 K 线会被拉开，一、二级市场倒挂可能会长期阶段性存在，"上市即破发"（即公司股票上市后的第一天或前几天出现的股价低于发行价的现象）的情况也会时有发生。

创投环境的第五个变化：上市赛道从百花齐放的多元属性向独好科创的单一属性转变。

十年前双创时代的投资方向是多元的，因为退出通道是多元的，而现在独特的战略安全背景和国产替代需求，造就了上市红绿黄灯的设置，医美、教育、游戏、互联网金融、消费等方面的企业上市通过率极低，举国都在积极推进落实科技强国战略，每家企业都在寻找着自己身上的科创属性，科技研发投入和财务利润情况已经成为企业必须平衡的必答题。

在这样的环境变化下，每一位 to B 创业者都应该积极地做出应对，拥抱变化，及时调整自己的融资对象、融资预期、融资标准。

关于融资对象，独立 VC、PE 追求的是高财务回报，产业投资基金追求的是中等财务回报和产业战略协同需求，国投和地方政府引导基金追求的是适当财务回报和人才落地、上市主体迁移备案、产能落地，是对当地的产业升级、创业引导、就业提升的带动效应。在资金供给格局发生变化时，我们应该主动与政府引导基金、国资基金对话，学习政府语言，适应决策周期；主动与上市公司、产业集团谋求战略合作，学会以他人为中心，发挥工具价值，避免一味地希望建立以自我为中心的平台。

关于融资预期，一定要适当地降低自己的预期，避免给自己的估值设置下限红线，敢于突破困境甚至接受反稀释，

"拿到钱，活下去"是首要目标。我曾经归纳过融资预期的五个度：估值高度、融资额度、到账速度、投资机构知名度、投资机构背后产业资源匹配度。在增量经济时代，大家都过分看重估值高度和机构知名度，但现在应该看重更实际的融资额度、到账速度和资源匹配度。

关于融资标准，在增量经济时代，大家热衷于标榜自己企业的规模性指标，这些指标很多都是虚假繁荣的指标，比如估值、注册用户数、合同签约收入、日活数和月活数、覆盖城市数量、商城 sku 数量等，大家热衷于攀比估值、定位独角兽、逐鹿上市圈。存量经济时代，我们应该回归理性，回归冷静，重视企业的效率性指标和实实在在创造价值的指标，比如毛利额、净利润、NDR（Net Dollar Retention，收入留存）、复购率、周转率等。对于上一轮处于估值高点的产业互联网企业和企业服务 SaaS 企业，要想活下去并且活得好，摆在大家面前的是三道选择题：要么流血上市牺牲估值，要么潜伏消化估值；要么聚焦产品做好 PaaS（Platform as a Service，平台即服务）化，要么拓展服务延伸产业深度；要么狂飙出海做订阅制出海，要么拥抱信创做项目制落地。

消费互联网完成了需求侧的数字化，产业互联网驱动着供给侧的数字化。消费互联网宛如蓝鲸搅动流量大海，产业互联网恰似穿山甲穿透产业深岩。随着数字化的不断深入，每一个经济社会中的微小个体的行为数据得以被测量、被记录、被追溯、被预测、被流转，每一次采购的统一收集，每一次物流的集中规划，每一次生产的提前预测，越来越多的局部的协作开始进化成为全局的协同。

　　从企业个体到产业共同体很难，因为个体都是自私的，而建设共同体需要无私的产业格局，团结的过程意味着长久的付出和微薄的收入；从企业个体到产业共同体很慢，消费数字化可以唯快不破，而产业数字化则需长坡厚雪，打造产业数字化平台犹如沙漠筑绿洲、深山通天路、江河建大坝，不是一下子做成的一件大事，而是先要做对一系列小事。但产业共同体作为产业协同网络的终极理想，经过一代代人的努力，终将跨越产业插件、产业互联网，涌现产业大脑，迎来产业共生时代。

对话篇

DIALOGUE PART

对话嘉宾

王　啸　九合创投创始合伙人、百度七剑客创始团队成员

童玮亮　梧桐树资本创始合伙人

颜艳春　盛景网联高级合伙人、盛景 AIC 产业孵化器负责人、
　　　　《产业互联网时代》作者

周　晓　前五源资本投资副总裁

赵今巍　方正多策基金主管合伙人，产虹智库产业互联网首
　　　　席专家

程　浩　远望资本创始合伙人，迅雷创始人

肖利华　阿里巴巴集团原副总裁、阿里云研究院原院长、智
　　　　行合一创始人、清华大学博士后、中科院博士

江南春　分众传媒创始人

潘　勇　国联股份高级副总裁、董事会秘书

孙　超　汇通达副总裁，汇通数科 CEO

王　阳　能链集团联合创始人，能链智电 CEO

薛素文　农信互联创始人董事长，农信数智创始人

第四章

投资人的淬炼：和 to B 投资人的对话

对话王啸：未来 20 年的产业互联网之路

2000 年到 2020 年，是消费互联网的 20 年，之后的 20 年则是技术推动生产力进步的 20 年。

汤明磊：您如何看待 to B 平台和 to C 平台的巨大差异？

王　啸：to C 平台的赢利模型是一个流量平台模型，即用产品和服务低成本获取用户，并且留存下来，然后再用广告、电商或者游戏的方式，把留存用户分发出去。其本质是一个流量先集中再分发的过程，简单说就是先批发再零售的一个过程。这就要求产品和服务能满足用户的一些最核心的基本需求，比如娱乐、通信、购物、获取信息等。

在 PC 互联网或移动互联网时代，大部分公司都是在做一些每个人基本都需要的底层服务平台。未来 20 年，我觉得是移动互联网和科技进入产业纵深领域的 20 年。进入纵深领域之后，业务形态发生了比较大的变化，不再是以 to C 的流量平台作为主要表现形式，很有可能是给产业赋能和服务的公司，给产业提供类似于高速公路、水、电、煤这样基础设施的公司，它们会成为核心的主导力量。

　　未来中国的物流行业、教育行业、大健康行业，都存在这种产业赋能型平台的机会。我觉得未来20年应该是产业互联网的非常重要的20年，也会有更大体量的公司出现。

　　汤明磊：您觉得网络效应跟协同效应最本质的区别是什么？

　　王　啸：网络效应的本质是一个双边的网络，它存在一个很重要的特点就是说左边的C（即用户）越多，右边的B（即企业）就会越多。B愿意在上面投放广告或者发布一些产品，而C和C之间可能也会有一些自动增益。例如微信：如果它只有1亿用户，可能是很多人的90%的朋友不在其中；但如果它有14亿用户，那就可能是很多人的90%以上的朋友都在其中。它有单边的自动增益效应，是一个非常强的网络关系，包括快手和抖音也存在类似的情况：如果发布短视频的博主越来越多，那么用户能看到的内容就会越来越多；如果用户越来越多，观看人数越来越多，那么博主的热情就会越来越高，发布的短视频也会越来越多。我们可以看到互联网的大部分平台都具备这种网络效应，强者之所以恒大，是因为推到一定规模之后，它后续的增长基本上没有什么阻力。

　　但是产业互联网公司可能不具备这个特点，它具备的特点很有可能是：赋能的厂商越来越多，平台上的角色就会越来越多。它是一个多边角色，多边角色之间的互动也都是通过这个平台来完成的，而这个平台跟产业当中的其他角色之间的关系更像是一个横向的支撑性关系。原来产业当中的这些角色相互之间可能是竞争的，每个角色都有 1% 的份额，但是每个角色拥有的份额都不大，而产业互联网很有可能是做一个横向支撑，比如帮助企业做好销售、帮助企业做好客户管理、帮助企业做好电子合同甚至发票管理等。平台跟每个角色都是赋能关系，平台不抢大家的客户，这样才能做大。所以，我觉得未来的产业互联网平台可以是横向支撑产业当中的角色，而且它以数字化和智能化作为一个核心的标准，以流程的数智化和整个流程的打通作为目标，以最终产业整体效能的提升作为模式。

总之，平台在产业提升过程当中有自己的议价，而这个议价很有可能是让产业当中所有的效率提高的角色都在这个过程中获益，但是产业当中的一些低效的角色，比如类似代理商或者省级分销商等，这些只是一个流转环节并不起到太大作用的角色会被逐步替换掉，核心环节的每一个角色的效率都能够得到极大的提升，都能挣到更多钱，而这个平台则会抽取一部分的服务费，这个服务费的比例可能不一定很高，但是因为一个产业规模特别大，所以这个平台的市值就可能会特别大。

汤明磊：我经常说产业互联网可能会有两个坑：一个坑是用消费互联网的思维做产业互联网，代表性的模式是纯的 B to B 企业；另一个是用西方的企业服务思维做中国的产业服务，比较有代表性的模式是纯 SaaS 模式。您投资了这么多的

to B 型的项目，您觉得产业互联网的坑在哪里？

王　啸：第一个坑我总结为用 to C 的模式来投资 to B 的公司，这确实是一个挺大的问题。 to C 的公司原来的获客方式都比较简单粗暴，先是通过大规模地投广告把 C 聚集起来，如果流量还不错，就再去卖广告挣钱。这种打法在 to B 领域当中效果就不是那么明显，因为 B 的决策是比较流程化的，有相对的理性，不会轻易被广告影响决策。比如，用户下载一个 App，他的决策其实是非常简单的，看一下首页可能很快就下载了。但是，用户要签一个 to B 的合同，一个 10 万元甚至是只有几万元的合同，他也要做一个相对理性的评估，可能是一个上、中、下三层角色来做的评估。这样的话它要求的是整个服务的满足度，包括产品的质量、服务的质量都要在一定程度之上满足他们的需求。所以，to C 和 to B 的获客路径其实不太一样，用 to C 的模式来投资 to B 的公司，很有可能效率就比较低。这可能是 to C 到 to B 转换的一个非常关键的问题。它增长的驱动因素不来自你有钱投放广告。当然有钱很重要，但你可能更要有出色的销售团队，还要把产品做得更好，公司的增长才会不错，但它是一个相对来讲没有那么快速的增长，所以对于增长的预期就不像 to C 一样，它可能一年增长两三倍，就算是很好的公司。

第二个坑，外国的 to B 服务公司和中国的 to B 服务公司的成长路径，甚至是赢利模型、销售模型都有比较大的差别。但从本质上来说，外国的 to B 服务也好，中国的 to B 服务也好，大家的需求点其实是类似的。比如，美国的企业需要一个财务方面的软件，当然中国的企业也需要。但是，满足需求点的方法和路径很可能是有比较大的差别的。比如，美国的 to B 服务公司，实际上在 PC 时代就已经开始有了，而且都比较大。但是中国的 to B 服务我们通常认为是从移动互联网时代才开始慢慢有的，而且偏软件类的大公司其实比较少。这就是中国的物理环境跟外国不一样。中国的 to B 服务公司是在智能手机开启的移动互联网时代成长起来的，云化速度跟国外差不多，所以它们基本上偏 SaaS 的模型更多一些。整体来讲，我觉得中国的 to B 服务还在一个相对早期的阶段，还需要培育，但未来的潜力特别大，因为中国的企业多，中国单一市场大、人口多，同时中国的 to B 服务需要解决的问题也比较多。当中国的整体经济从高速增长到高质量增长换挡，就意味着每个企业的经营质量、管理效率也需要换挡，也需要追求精益化的管理，追求用系统、软件去替代原来粗放式的管理。所以我觉得中国未来 5 年到 10 年，to B 服务类的公司会冒出来很多，数量应该会比 to C 的公司还要多，而且单个公司的价值也不一定小。

汤明磊：企业服务行业的客户大致可以分为两类：一类是大 B；另一类是小 B。在您的投资过程当中，您发现服务大 B 和服务小 B 可能需要具备的能力有什么不同呢？

王　啸：大 B 目前还是以"大客户销售 + 解决方案"为主，标准化软件服务作为一个底层能力提供，上层的定制化还是不可避免的，客单价比较高，交付周期比较长，定制化程度也会相对高一些。如果企业不具备底层的核心技术，完全依托开源的技术去构建一套体系，赢利能力就容易受到影响，毛利可能不会太高。但是如果企业自己有一个核心技术和平台，在它之上做一定的可控制范围内的定制开发、获取大客户，利润率和想象空间还是可以的。

小 B 市场最主要的是要面向小 B 的通用需求，这类客户的潜在规模比较大，单个客户的软件成本或者 SaaS 成本可能不会太高，但是它有一个逐步提升的可能性，或者有复购的机会。比如，企业卖了一个一两万元的软件给客户，接着客户可能还需要买另外一个软件，客户就需要再加几千元进行购买，接着客户又需要购买新的软件，再加几千元购买……所以单个客户刚开始的成交价格可能只有一两万元，但是未来时间一长可能就达到十几万元甚至是几十万元。这样算的话，单个客户的生命周期当中的价值其实非常高。而且这种愿意用软件不断地提升竞争力的企业，生存率会比较高，有可能经过几轮市场竞争之后，企业的付费能力、经营状况都会有所提升。这是服务小 B 的未来最主要的机会。

汤明磊：一个产业赋能平台在发展过程中，可能会需要具备一些赋能能力。您之前投资的项目当中有没有慢慢地来培养自己的赋能能力的案例，它们都分别形成了哪些赋能的能力？

王 啸：比如我们投资的"探迹"是智能销售 SaaS 开创

者，帮助中小企业进行开源，利用数据分析为企业发现潜在客户，并能进行智能化的触达，再把有意向的客户放到 CRM 管理起来，让销售去跟进，之后再把销售跟进的情况进行汇总，最后签约、付款都可以数字化。本质上"探迹"是一家技术型的企服公司，在当下 AIGC 的趋势下，发布了业内首个销售大模型 SaaS 产品——探迹 SalesGPT。运用 AI 大模型，"探迹"对企业线索挖掘、商机触达、营销、客户管理等 to B 企业销售场景，不断进行功能价值挖掘，以一种更加高效、智能和简单的方式，重新定义智能销售。

再比如我们投资的"晓多"，它是帮助电商公司进行客服的替代。一个电商公司原来 1 年可能需要 100 个客服，用了电商机器人之后，可能只需要有 5 个客服来处理一些异常情况，剩下 95% 的问题都可以由这些机器人去处理。这其实是为电商公司提高效率进行赋能。同样，"晓多"基于大语言模型技术也开发了垂直于电商行业的大型语言模型"晓模型 XPT"，为电商企业提供全方位的服务和营销一体化解决方案。电商场景的数据积累，将为"晓多"在这一领域构建自研大模型带来独特竞争力。"晓多"作为电商垂直领域头部企业，有望借助大模型持续构筑壁垒，来提供特定场景下更好的模型服务。

中国的 SaaS 公司通过引入大模型、提高人效比，可能将迎来赢利能力的阶段性提升，这对中国 SaaS 行业的发展具有重要意义。

此外，还有一些给大中型金融公司提供私有云部署的技术平台或者算法平台的公司。这些公司就是帮助大 B 提高内部管理能力、效率和数据的运用等。我觉得产业数智化，本质上就是指产业当中原来分散在各个地方的数据，或者说没有被结构化的数据、没有被数字化的部分，进行数字化之后，利用算法、云计算、传感器等数字化技术，把它变成一个可以去决策甚至可以去执行的、更高效能的自动化运营系统。我觉得这部分可能是中国未来 to B 服务当中最大的机会。

汤明磊：您曾经说过，垂直的 SaaS 是有营收瓶颈的，需要我们去找营收的第二曲线。在您投资的项目当中，有没有从 SaaS 切入，但是最后找到了自己营收的第二曲线，找到了自己拓展服务深度的案例？

王　啸：本质上来讲在垂直行业卖 SaaS 软件，特别是向中小企业卖 SaaS 软件，收费的天花板是相对比较低的。这里需要解决两个能力的持续提升，一个是场景的不断拓展；另一个是技术能力的不断提升，这是两个提升自身护城河和业务发展的核心要素。

汤明磊：2020 年，有赞成了第一家百亿美元估值的纯 SaaS 公司；国联也成了 300 亿元估值的一家上市公司，成为产业互联网的第一股；贝壳找房也超越万科，估值达到 950 亿元。您觉得对于这些产业互联网公司的估值来说，这是上涨的开始，还是已经掺入了一些泡沫？

王　啸：产业互联网公司在 2020 年已经开始显露头角，

原因是跟整个科技和经济发展的节奏非常相关。科技或者互联网的技术就像高山流水一样，一开始先进入媒体行业，后来进入金融行业，再后来进入零售或者电商行业，现在进入更传统、更深度的行业，比如制造业、物流业、健康业、教育业、房地产业，以后还有农业、机器人业等。当然有些行业早一点、快一点，有些行业慢一点，但是这些行业都会逐渐发展起来，而且它们的市值空间应该会打破以前互联网巨头的市值空间，因为中国的每一个产业都足够大。

汤明磊：贝壳找房是产业互联网平台中一个比较具有代表性的模式。在您看来未来的产业互联网平台公司，需要具备哪些模式上或者技术上或者团队上的特点，您才有可能去投资？

王　啸：我倒不觉得贝壳找房的模式可以复制到所有的产业，它只是一种模式。当然，它的模式里面通用的底层逻辑可能有几个可以供其他产业参考：第一个就是原有产业当中的资产和能力的数字化；第二个是以这样的数字化作为基础，把整个产业当中的角色进行串联，或者说平台化；第三个就是利用金融、物流的一些新技术，把这些角色当中的效率、效能对接，进行能力的升级。这些是贝壳找房作为一个产业平台具备的最核心的底层逻辑和要件，是可以抽象和通用的做法。

在投资逻辑方面，我首先能想到的就是创始人，什么样的创始人是有机会把这事做成的呢？

他可能是在这个行业里面深扎了很多年，对这个产业的了解是足够深刻和细腻的，既有对宏观也有对细节的把握；既能够对新的模式有认知也能够对传统模式中从业者的心态和需求有把握；既能接纳新的技术又对产业当中的做法、过去的积累、产业角色的定位以及利益的诉求有深刻的了解。我觉得这是第一个点，他既是产业当中的人，又具备吸纳新技术的能力，还有一定的开创性，因为他的模式都不是能够去学的，都是他在探索当中逐渐找到的。这里需要强调一下，企业服务本质是技术在管理上的抽象体现，是技术对生产力的改变，能把数据更好地利用起来，从而提升分发效率、交付效率、交易效率。

第二个点就是他能够借助一些资本的力量，借助一些科技的力量，借助一些外部的力量，因为很多产业当中的人是相对封闭的，并不具备这样的能力。我觉得具备这两个特点的人，是有机会能把这事做成的。

此外，他做这件事的时间点也很重要，要早一点，但又不能太早，如果太晚的话别人已经做成了。因为产业平台具备赢者通吃的特点，第一名的市场很大，第二名还可以有一些市场，第三名基本就没有什么市场份额了，所以你必须做到行业的头部，这对于创始人的要求也很高。

❝ 王啸寄语 ❞

大自然帮你淘汰了很多不必要的噪声和摩擦，真正有价值的公司，依然会迅速发展。只要你能活下来，你的胜算就会大很多，因为其实还有很多公司没有活下来。从本质上来讲，这是一个优胜劣汰的过程。你只要增强自身的能力，保证企业的现金流，保证企业发展的节奏以及融资的机会，就有非常大的胜算。反而是那些在摩擦小的市场环境中诞生的公司，可能需要融很多钱才能在竞争中脱颖而出。

经过近几年的发展，尤其是经历了宏观环境的起伏变化，当年那一批平台型的公司都发生了一些变化，尤其没有技术、严重依赖于模式和规模的公司，已经消失了一些。就如同我们当时所预料的一样，如果没有技术的革新，不能让生产力的效率有绝对的提升，那么抗风险能力就会很差。未来，中国的企业服务公司将会和 AI 技术紧密结合，通过大模型和大数据对原有的生产组织和交付方式进行重构升级进而高能提效。

对话童玮亮：如何把握产业互联网的时代机遇

赋能型产业互联网真正的痛点在哪里？产业互联网会如何改变我们的生活？产业互联网创业如何避免最可能出现的两个陷阱？产业互联网的终局又可能会在哪里……

汤明磊： 中国的企业跟美国的企业，在对待付费这个问题上，其实有非常大的差异。中国的企业可能更愿意为短期来付费，更愿意为结果来付费，更愿意为产品而非服务来付费。相较于开源节流，中国的企业对开源更感兴趣，他们希望企业服务公司能够帮助他们挣钱，而非降本。在这样的背景差异下，您觉得中国的产业互联网和美国的产业互联网有哪些方面的差异呢？

童玮亮：在中国，我们认为产业互联网公司有巨大的机会。不过需要强调一点，在我们看来，产业互联网公司和所谓企业级服务是有差异的。产业互联网公司是垂直产业，一个产业一个产业地去说，这也是我们梧桐树资本投资产业互联网的核心逻辑，是纵向而非横向的。

在中国，SaaS 可以作为切入点，但想要赚到更多的钱，还需要在垂直产业上做更多有深度的、有效果的服务。所谓有效果，就是能够开源。我们将其称为"蚂蚁雄兵"，下游的 C 端有几十万、上百万的个体户小商店，或者对于中型、小型的 to B 业务的公司来说生存和赚钱永远是第一位的。

美国有 Salesforce（创建于 1999 年的一家 CRM 软件服务提供商）这样从 CRM 切入进去的 SaaS 平台公司，位列"2021 胡润世界 500 强前 100"。中国也有类似 Salesforce 这样的公司，到现在也已经发展了十多年的时间，但不管是收入、利润、规模都不尽如人意，想要上市非常难。如果我们把目光放在更宏观的维度去看，比如 10 年、20 年后，我相信未来中国的 SaaS 公司能够成长为巨型公司，但在此之前，中国的 SaaS 公司可能还需要更长的时间来进行培育。

我认为，纵向的产业互联网公司会比纵向的 SaaS 公司对产业的变革影响会更大。在未来，一些平台性的横向的 SaaS 公司和一些垂直类的产业互联网公司之间会出现一个胶着状态，但我们更相信后者会成长得更快。

对产业互联网公司来说，SaaS 的服务收入在总收入占比里可能很小，而更大的收入比例是 S to B 供应链层面的服务，甚至说 B to B 的交易服务。简单来说，他们通过对行业的深刻理解，SaaS 只是一个基础的吸引流量的服务，而上面的 S to B 和 B to B 才是创造收益的增值服务，这会是中国特色的产业互联网公司成长的基本路径和逻辑！

汤明磊：您是怎么看待美国的 SaaS 订阅式模式在中国特色化的问题，您觉得它能特色化吗？它怎么特色化？

童玮亮：中国最早也有 SaaS 公司是学美国同类公司的模式，做中小企业的服务。但是美国的互联网已经发展了几十年，中小企业对软件服务的接受度都比较高，而中国的互联网起步晚、发展时间短，很多中小企业可能只用了一个财务软件，连什么是 SaaS 都不知道。所以，中国的 SaaS 公司如果想做中小企业的服务，普及成本会非常高。在这一点上面，中国的 SaaS 公司最好是要先从中大型企业切入，先有收入规模，先保证生存再寻求发展。

美国的互联网行业更偏向"术业有专攻"，不同的软件公司提供不同的服务。但中国的社会环境、行业环境决定了中国的很多企业老板在对互联网不太了解的时候，很难选择由五至十家软件公司来提供不同的服务，他们更倾向于选择一两家信任的软件公司来提供一站式服务。所以中国的产业互联网公司可能是从一个单点切入以后，在产业链的上下游为企业赋能，提供各种各样的服务，企业只需要和这一家公司合作就可以了。我觉得这种平台型的产业互联网公司在中国反而会更有机会，出现垂直行业的大企业的概率比美国更高。

我更喜欢原来服务过大企业客户的创业者做所谓的 SaaS 公司。因为服务过大企业客户意味着他对产业里面的各种需求模块都非常了解，然后就可以针对这些需求模块进行开发，先服务一些中型企业客户，因为中型企业的付费能力稍弱，SaaS 公司就可以提供一套标准化的 SaaS 服务给它们，这样内部的开发成本就可以很好地得到控制，剩下的就是获客成本问题。SaaS 公司还可以继续为之前的大企业客户提供定制化 SaaS 服务，这样可以最大限度降低获客成本。随着收入的增加，SaaS 公司再去开发小微型企业客户，因为从中国的小微型企业的存活率看数据很多也就在这一两年，基数大、不确定性也大，所以获客成本比较高，一定要等到 SaaS 公司收入稳定、发展势头较好的情况再考虑开发。

我认为中国的产业互联网一定会走出自己特色化的道路，一开始也会比较难，可能需要长时间的摸索，但是从长久的层面上来看，我觉得中国的产业互联网公司会比美国的纯SaaS 公司，在产业里面扎得更深，生命力更旺盛，做平台的可能性也会更大。

汤明磊： 在 2013 年到 2019 年的 7 年时间里，SaaS 板块的市场容量年化率平均在 12%。到了 2020 年和 2021 年两年，SaaS 的市场容量每年的增速是 100%，这两年对于很多产业互联网平台的创业者和投资人来说，都是"风口年"。但是，到了 2022 年因为各种各样的因素，忽然间产业互联网又不被大家所关注了，或者说又进入了一个低点。在这一年，很多老牌的上市公司的市值缩水一半，一些新锐的公司的市值甚至缩水百分之八九十。大量的一级市场的产业互联网项目也受到了波及，估值也进行了调整。您怎么看这个现象？您觉得这是产业互联网的一个暂时性的低点还是一个风口过去的潮退之时，这是大家撤退的好窗口还是大家进场的好时机？

童玮亮： 我认为无论是创业者还是投资人关注产业互联网的发展形势之前，还要看一下更宏观的经济形势。首先，2022 年的全球宏观经济其实非常差，A 股、美股跟 2021 年相比跌得都非常厉害。所以我觉得不只是产业互联网行业的估值在缩水、调整，其实各个行业都在缩水、调整。其次，从中长线来看，我觉得产业互联网的价值一定能够被挖掘并且被放大。只是当下的大环境不好，产业互联网在短期内可能碰到了一些所谓的瓶颈，但长期来看，中国的中小企业活跃程度其实还是挺高的，其中制造型企业也非常多，它们在开源、节流、降本、增效等环节其实有很多事情可以去挖掘，而产业互联网平台其实就是帮助它们在这些环节寻找机会、挖掘价值。所以我觉得产业互联网的中长线肯定是看好，但短期内肯定会经历一些难过的日子，坚持就是胜利。

这个时期，我认为反而是那些真正看好产业互联网这条线的创业者和投资人布局的好时机，而那些只看到"风口"就冲进来、对这个行业并不了解、不能长期扎根其中的创业者和投资人，反而更容易被淘汰。

任何一家公司对自己每一块的业务都要精打细算，把服务模型做扎实，至少先渡过当下的难关。越是高歌猛进的时候越要做好开源，而高歌猛进过去之后，就需要精打细算，做好节流，这个时候我们就要把模型做扎实，提高毛利额。

汤明磊：投资产业互联网第一步是解剖这个产业。常规的操作是把整个产业链的各个细分链条拉出来——进行分析，尤其是每个链条创造的价值以及每个链条当中创造的加价率等维度要重点关注。在您的投资过程当中，一定会有一套自己独特的、精准的解剖产业的逻辑，期待您和大家分享一下。

童玮亮：第一步的确是要先把产业链画出来。从上游的生产商到下游的小B之间，肯定有很多环节。一般都是生产商、总代理商、省代理商、市代理商……一直到批发市场次终端，最后再服务小B。在这么长的产业链里，我们用互联网逻辑去看，肯定有些环节是有机会被替代掉的。但是从什么层面去替代，是从资金链上面去替代，还是从仓储物流上面去替代，甚至是从服务终端层面去替代呢？这是个值得思考的问题。

总结下来，最好是将上游和下游中间的环节一起砍断。

比如，我们探讨过服务次终端还是服务终端，最终我们选择服务终端。次终端相比终端来说，更加趋利化——谁家的货最便宜我就从谁家进货。对于服务次终端，不仅一开始烧钱、便宜，而且当你哪一天想稍微提点价，对方说翻脸就翻脸，说走就走！最重要的是，对次终端客户来说，产业互联网能够做的也有限，几乎完全受到价格驱动，所以我们最终选择服务终端。

大部分的产业互联网公司有趋同的逻辑，我们把这个逻辑总结为点、线、面三个维度：点就是要分析产业链上的每个环节；线就是分析产业的资金流、物流、信息流是怎么流动的，比如信息流，过去根本没有，那就从 SaaS 切入进去开始建立信息流；面就是分析应该替代哪些环节，先从"事"的这个环节去分析，再找到匹配的团队。

汤明磊：一个产业互联网平台，可以给小 B 提供哪些赋能呢？

童玮亮：以我们投资的"校宝"为例。它是一家为国内素质教育培训机构提供服务的产业互联网公司，是从 SaaS 切入进去提供 ERP 和 CRM 等基础服务。我们对它投资之后，蚂蚁金融服务集团也对它连续进行了两轮投资。为什么一家互联网金融公司要去投资教育培训机构的 SaaS 公司呢？其实就是从资金供应链层面去赋能，金融本身就有很强的赋能能力。

汤明磊：现在产业互联网的几种常见的形态，比如 SaaS、B to B 以及 S to B。您觉得这些模式是单独发展还是融合在一起发展，才会更有前途呢？

童玮亮：这三种模式都有很多人去做，但未必是完全按照纯正的单一的模式去做。我相信，在产业互联网开始创业的切入逻辑里面，基本还是围绕这三种模式去做。我认为，这三种切入模式里，除了纯 SaaS 公司可能压力会比较大，容易被做后面的 S to B 公司和做交易的 B to B 公司干掉。如果从 S to B 和 B to B 切入，可能会有更多的机会覆盖到更多。当然从 SaaS 切入进去，很快能够做到 S to B 和 B to B，这也是没问题的。

我不认为这三种模式单独发展不能做大。我觉得，非产业互联网逻辑通用的 SaaS 公司，依然有机会在接下来的三五年里跑出来做成大公司。但在产业互联网里，纯 SaaS 的确机会没那么大。所以，我们还是要从不同的逻辑去进行分析。

汤明磊：产业互联网平台的创始团队模型，跟消费互联网的可能不一样：产业互联网则是市场经理，消费互联网更重要的可能是产品经理；产业互联网更关注的则是库存、垫资、物流、仓储等，消费互联网每天更关注的可能是融资、界面、UI 交付。所以它是两个不同模型的团队。我认为要做一个好的产业互联网平台，一定需要有互联网基因的产业"老炮儿"和有产业手感的互联网操盘手（某个行为或事件的主要负责人、指挥者）。您是怎么理解或者挑选产业互联网的创始团队呢？在过去的产业互联网的投资当中，更看好什么类型的团队组合，会建议他们怎么进行股权分配？

童玮亮： 您说得非常对。消费互联网和产业互联网最大的区别在于：消费互联网做好"产品＋技术"就可以了，后面也要加上市场，但是一开始肯定是靠口碑获得用户；但是产业互联网一开始就是"产品、技术＋销售"，一定要有销售。如果产业互联网平台的创始团队中没有销售团队，光有好的产品团队、技术团队，说实话我们可能就看一看，是不会去投资的。

但是，我觉得消费互联网和产业互联网也有一个共通点，它们的 CEO（Chief Executive Officer，首席执行官）都是产品经理。即便他原来是一个销售或者是供应链角色，但是担任 CEO 就要成为一个产品经理。他要非常了解这个行业，了解用户的需求、痛点，并且知道公司怎么围绕用户的需求、痛点去解决问题。解决问题的过程中，他一定要非常关注数据！如果 CEO 觉得自己只要把客户搞定就行，那么他管理的公司，在当下这个时代生存会很难。也许因为我自己是做互联网出身的，所以我始终认为，产品经理意识是所有 CEO 必备的非常关键的素质。

用我们投资的三个公司来举例说明。

第一个是 SaaS 公司，创始人张以驰本科在浙江大学就读，后来又攻读了英国剑桥大学人工智能专业的博士，偏技术出身。当然，这家公司现在已经不只有纯技术业务，但因为它的核心业务是技术，对技术要求也比较高，所以创始团队中一定要有技术出身的人。

151

第二个是一家 S to B 公司，创始人是互联网行业出身，原来是阿里巴巴市场部的早期员工，因为爱车所以做了一个卖车的 S to B 公司。

第三个是一家做建材交易的 B to B 公司，创始人是装修行业的"老炮儿"出身，所以直接从交易作为切入点。

SaaS、S to B 和 B to B，3 个创始人的背景基因均不同。总体来看，越往交易端切入，越是需要有经验的行业老炮儿；越是信息化程度高的互联网公司，越是需要懂技术的年轻人。

但是有一点，我绝对不想投资一个纯技术人员去做产业互联网的 CEO。产业互联网领域，所谓的 CEO 我认为就是产品经理，他必须要深刻理解行业需求，所以即便不是这个行业出身，而是产品出身、互联网出身，也要非常理解这个行业。不懂行业只懂技术的 CEO，是无法经营好公司的。因为技术是为产品、为行业服务的。

你不懂技术，但是你在行业里面扎了很多年，熟知行业的痛点，你就可以让技术做出解决行业痛点的产品。你不懂技术，也没有太多经验，但你是产品出身，你能够深刻理解用户需求，那你也可以做出满足用户需求的产品。所以，我觉得年轻的产品出身或者是行业"老炮儿"出身的 CEO，都是可以的。

另外，我觉得产业互联网创始团队中一定要有一个行业"老炮儿"。他们在一个行业深耕多年，往往有一些高层资源，即使不是销售出身，这些资源也可以帮助他们做好 to B 销售。

销售对于产业互联网来说太重要了！所以，产业互联网比较理想的团队组合是"销售 + 产品 + '老炮儿' + 技术"。

在股权分配方面，建议 CEO 应当绝对控股，股份占比甚至可以达到 50%~60%；CTO 也很重要，需要分配一定的股权，但股份占比未必会很高，7%~20% 之间都可以。

汤明磊：通过研究，我发现其实每一个投资机构都有它的"母体基因"，每一个投资人也都有他的"母体基因"。"母体基因"很多时候是源于投资人所在的行业属性或者是他原来的从业经历，有的是源于投资人最早投资的一些项目，有的是源于投资人投资的最成功的一些项目。我们都希望能从一个成功案例中总结出更多的模型来进行复制，然后从一个成功走向更多的成功，最终走向更大的成功。

请问童总有没有挖掘过自己的"母体基因"？您更偏好具备什么样的基因的企业或者您希望企业达到哪些要求，您才会考虑进行投资？

童玮亮：我们团队整体年龄都比较偏大，基本上是 30 多，40 岁开始做投资。在投资风格上，我觉得我们团队整体来说偏稳健。每家投资机构或者每个投资人都有自己的风格，我觉得这个风格没有好坏对错，就是风格。我们团队的风格就是偏中庸一些，凡事会综合考察，既看人又看事儿，人和事儿缺一不可。

我们希望创始人最好是行业"老炮儿"，同时这个事儿的市场规模要足够大，然后我们还希望对方能够形成创始团队，我们要看创始团队的基因是什么。这个基因往往是在核心团队里边，而核心团队的基因又源于创始人。所以我们看得比较综合，总体来说相对稳健。我们投资项目相对比较谨慎，通常不会聊几分钟，脑袋一热就说这个项目可以投资，然后就发 TS（Term Sheet，投资意向书），我们发了 TS 尽职调查后大概率才是会真正进行投资的。

总体来说，年龄相对比较大、行业"老炮儿"、对这个行业比较了解、擅长比较稳健地去做投资，这些可能就是我们团队的"母体基因"。

汤明磊： 我关注到在硬科技赛道上，梧桐树和您这边更多地关注 3 个方向：工业互联网、工业大脑和机器人。这 3 个方向其实也算是工业智能领域最大的 3 个要素，无论是生产端、产品端、流通端，您都在关注这 3 个方向。请您分享一下这 3 个方向做成事的难点和机会在哪里。

童玮亮： 其实这 3 个方向都还是跟产业互联网有密切关系。我们其实应该这样看，消费端就是普通大众，上面有一棵棵的树，每棵树可能就是一个产业，树干就是产业互联网，是流通，而上面的树枝和树叶其实是制造，从上面的树枝和树叶制造以后通过流通把所有的养分铺到 C 端。反过来说也可以。

上面的一棵棵树其实就是具体的工业制造。中国是一个制造大国，一半是工业制造，是现实世界；另一边是 AIoT，是虚拟世界。对应具体的一棵树，我们过去关注的是 to C 的消费端，前几年关注的是中间的流通端，现在关注的则是制造端的硬科技和 AIOT 体系。

在工业互联网、机器人和工业大脑之中，工业大脑其实最难，因为它更偏软。所以工业大脑的核心团队，对技术要求要比较高，往往是一些科学家加上在垂直行业工作过的行业老炮儿或者"海归"人士。机器人的核心团队一定要有对某个具体垂直行业非常了解的行业老炮儿，再加上一些在工程类大学出身的专业技术人员，这样的组合是我们比较喜欢的团队。但是机器人公司一定要做出产品，并且是在一些具体垂直行业场景里面应用的产品，效果还要比别人好很多。每个垂直行业都会有非常多的需求，核心是要采集足够多的数据，然后用工业大脑反哺到具体的应用层面。

越是工业互联网，我觉得离产业互联网越近。回过头来看，很多产业互联网公司已经到了工程端，也能做工业互联网相关的项目，二者结合密切度非常高。所以，我们现在开始考虑产业互联网的公司怎样才能做到工业互联网，工业互联网公司怎样才能做到产业互联网。这也是我们从 2020 年开始投资一些公司的大致路径。

汤明磊： 我们也关注到工业互联网其实进入了所谓的中场战事，或者进入了一个深水区。因为低垂的果实都已经被摘完了，无论是物联网模型、容器化、低代码，还是实时操作系统、工业仿真数据技术、工业大脑等，都是难啃的硬骨头。您是怎么看待现在工业互联网所处的阶段，您觉得是走到中场了，还是现在可能走在一条歧路上？怎样的工业互联网才是更好的呢？

童玮亮：我觉得你刚才已经说得非常完善。其实我们公司内部大概是把工业互联网分成三类。

第一类，纯技术类工业互联网。这一类对技术含量要求非常高，有核心技术，包括你刚才提到的物联网模型、容器化、低代码、实时操作系统等。这一类拼的是技术和对场景的理解，以及产品在场景里面应用以后的效果。这一类竞争没有那么激烈，因为真正有核心技术的其实没有那么多。

第二类，工业互联网切入政府。因为政府有非常多的需求，节能、降成本、降能耗、降能源等。工业互联网公司通过解决某一个点的需求做敲门砖切入政府。但是这类公司做的产品只是满足政府需求，缺少真正能够帮助企业解决问题的东西。我们更喜欢的是公司选择的切入点能够帮助企业解决市场问题。无论是应用还是解决方案，都能够帮助企业通过采集数据实现省钱或者赚钱。比如，制造业中针对机床采集数据，帮助企业提前预判缺陷、提早判断停机的损耗，从而帮助企业把成本降下来。市场化的切入点是我们更看重的。

第三类，工业互联网先切入政府，再切入企业。也就是两条路一起走。工业互联网如果单纯市场化地做企业服务会很累，而政府需求通常比较明确也比较容易满足，所以先通过满足政府需求做敲门砖，然后再从能够解决企业市场问题的产品去切入企业服务市场就容易得多。

整体来说，我觉得第三类目前会更好一些。工业互联网正处在一个大浪淘沙的阶段，光靠政府订单切入进去，我觉得生命力有限。而那些有政府大订单做支撑、估值很高的特大型公司一定会上市，但上市以后的发展动力何在，我觉得还要打个问号。我更愿意相信那种能够通过市场化的方式在垂直行业里面做出优质产品，然后铺到很多客户里面以后，同时又能够通过一些政府的方式快速切入市场的企业，将来自己去资本化，我觉得成功的概率会更大。那些拿到一些政府订单，却没有自己核心技术的所谓工业互联网企业将来还是死路一条。从长线来说，工业互联网一定要拼核心竞争力。

汤明磊：我们看到很多有意思的现象，比如很多 SaaS 公司都在带货，甚至是一些上市公司也变成了 bus 公司，就是"business service"（交易服务），而不是"software service"（软件服务）。很多 SaaS 公司去进行一些交易，去做一些反向的集采，通过付费的或者不付费的方式，把小 B 的需求跟订单集合起来，反向往上游做供应链的集单。再比如，很多 B to B 平台都去改造和链接工厂，历经信息整合到自营再到现在去把控供应链各个环节，B to B 平台干掉一切中间商之后自己成了最大的中间商，而效率还是不够高。所以很多 B to B 开始去做反向的工厂制造和供应链的改造。

您多次强调产业互联网的产业链条最关键的 3 个点是场景、赋能和交易，但是现在这 3 个点开始在融合。所以想请您跟大家分享一下，您是怎么细致地看待场景、赋能和交易这 3 个点的呢？您对现在 SaaS 开始带货、B to B 开始进工厂、供应链开始出海等这样的现象有什么样的建议？

童玮亮： 投资所谓的企业级服务，就是按照所谓产业互联网逻辑去投资项目，我们大概是在 2016 年开始投资的，然后形成所谓的 SaaS、S to B 和 B to B 逻辑差不多是在 2017 年。当时我们其实有两个选择。一个就是投资通用类的 SaaS，也就是照着美国的经验去投资通用类的 SaaS；另一个就是从单点切入进去，在一个具体垂直产业里面投资成功以后，再全产业链覆盖。最终经过我们自己内部讨论之后决定，投资具体垂直产业，当然我们希望是千亿级以上的垂直产业。

投资这样的垂直产业，从场景、赋能和交易 3 个点切入进去都没问题。但是不同的产业，因为它的信息化程度和产业的特性不一样，所以切入点也不一样。

比如信息化程度高的产业，像教育类、旅游类，本身信息化的程度比较高，从业人员的素质也比较高，我们就可以从场景切入进去。

比如建材类、装修类产业，信息化程度不是很高，从业人员的素质也没有那么高，可能就应从供应链或者交易本身切入进去。

比如汽车产业，我们可能从供应链金融赋能切入进去。

但是最终所有投资的这些企业全部不只是做单点，一定会至少覆盖另外第二个点，到最终 3 个点全部都会覆盖，至少也是覆盖 2 个点。如果公司上市了，一定是 3 个点全覆盖。

这个逻辑其实我们在 2017 年差不多就已经看到了，到现在已经过去了四五年[1]，实际情况也的确如此。

所谓的场景，我们说要拆分一个产业链条，这个产业链条从上游的生产厂家到下游的小企业之间有很多环节，那么在产业场景里面你去服务哪类客户，你要做的是什么？你要做的是垫资，还是存货，还是物流配送仓储？因为每个产业链条都不一样，你做的事儿也不一样，这就决定了你切入进去的点是什么点。你切入进去的点能够为你服务的客户赋能什么，这个赋能往往是跟交易相关的，是金融，是仓储，是物流，是上游的供应链，还是其他的什么。这个赋能我们当年做得更多的是开源，帮助服务的企业赚到更多的钱。

这就是所谓以场景为切入点，围绕着交易怎么去做才能进行赋能，帮助客户赚钱。但从中长期来看，就是我们当年说的全产业链条的全场景。当年可能说 SaaS 是软件，S to B 是供应链，B to B 是交易，其实我觉得现在融合到一块没问题。但是对于现在的这些创业者来说，上来一定不可能全产业链什么都做，一定要找到你的产业里面，你看到的某一个最痛的痛点去解决问题，解决痛点以后再叠加到其他的模块。最终我觉得中国的产业互联网很大概率都会往交易去切入，即便不做到交易，也会在供应链上面做很多事情。

---

[1]　本书的时间是相对作者撰写本书的时间。——编者注

汤明磊：我们一般会建议大家先去扫描这个产业，里面到底分几级、几个链条，每个链条的加价率怎么样，每个链条的大、中、小企业怎么样，大、中、小企业的数量如何，每个大、中、小企业占比如何、痛点如何，然后决定我们先团结谁。通常在一个产业链中，小企业特别容易被团结，但也特别容易失去；大企业特别难团结，账期特别长，而且自己总想建闭环，在效率和运营上又没有小企业那么高，所以它们往往最焦虑、最迷茫。

大、中、小企业各有各的痛点，我们要怎么去团结它们呢？我们要找到 KB（key business，关键企业），还要找到 KB 里面的 KP（key person，关键人）。如果是大企业的话，最好是去找企业里面的中层人员，因为他们是大企业最核心的人物，不仅能够上传下达，还能够落实非常多的事情。对于产业互联网来说，去找大企业的电商部门或者技术部门的领导就行了。如果是中企业，则要去找高层人员，但最好不要直接去找老板，最好去找正在接班的二代人物，或者正在帮助老板打理公司的职业经理人，因为老板很难理解数字化的全貌和真正的价值。如果是小企业，你可能要去团结老板娘，因为中国的小企业中有很多是"夫妻店"，一般老板负责经营，而财务和人事则掌握在老板娘手里，所以找老板娘去谈更靠谱。找到 KP 谈妥了，和 KB 达成合作了，我们再去解决 KB 的核心痛点，这样才有可能真正把产业互联网落实下去。

童玮亮：其实还有一套相对比较通用的逻辑，就是把产业链中的商流、物流、资金流、信息流都画出来，把从工厂到终端的每一个环节都画出来，形成一张表格。然后在这张表格中把每一个点的痛点、需求都列出来。你再从整体的视角去分析这张表格，你就知道具体要从哪个点切入进去，应该怎么去做，怎么去解决它的痛点、满足它的需求。其实这张表格一旦画出来，你对整个产业就会有相对比较细致的理解和判断。

汤明磊：很多传统产业的龙头企业都希望产业互联网能够成为它们的二次曲线，但是鲜有成功者。您是怎么理解数字化转型这件事的？您觉得传统产业的龙头企业怎样才能做好产业互联网这件事呢？

童玮亮：我个人特别看重一个角色，就是产品经理，这可能跟我自己是做 to C 互联网出身的有关。我认为产业经理是一个承上启下的角色，对下理解用户需求，对上让技术团队去开发产品。如果是大型企业，我觉得应该在企业里面找一个理解行业并且对新事物很有兴趣的人牵头来做数字化转型。如果是从外面找一个所谓的数字化转型高手，打造一个新的团队，这种失败的概率其实很高。当然，除了非常理解行业，对数字化有兴趣、有热情之外，牵头人还要性格乐观。我碰到太多所谓的产业老炮儿对行业的评价非常负面，这个也是问题，那个也是问题，在他眼中永远全是问题，让这样的人去操盘做任何事情，成功的概率也都会很低。所以，我建议大型企业做数字化转型，最好是从企业里面找一个性格乐观、绝对热爱数字化转型这件事情的牵头人，再找互联网公司或者 to B 互联网公司干过产品的产品经理去配合，最后再让产品经理从他的朋友圈子里找技术，这样去组合搭配。

汤明磊：产品经理一定是核心。您觉得产品经理要有什么样的经历才能够成长为一个优秀的产业产品经理呢？

童玮亮：招聘的陌生人是优秀的产品经理其实很难，最好还是通过朋友圈子里面介绍，相对来说更靠谱。我觉得最好是做过产业互联网的产品经理，其次是在企业服务、SaaS 类公司做过产品经理。但是 SaaS 还属于纯软件技术，虽然已经跟产业有比较深刻的接触，但对于一些脏活累活理解程度还是不够深入，对应收、应付、物流、金融往往不了解。在产业互联网干过的产品经理，比如说干过供应链、物流、B to B，他们对很多东西就有更深刻的理解，就比较接地气。

汤明磊：如果我作为一个产业老炮儿，要做一个产业互联网平台，需要多少预算才能把这个事做成呢？

童玮亮：对于这个问题，我觉得最重要的还是看痛点。做一个产业互联网平台，有的企业可能投资 10 亿元也未必能成，但普通的创业者投资几亿元甚至只投资几千万元也可能成功了。其中的关键就在于是否能深刻理解行业，是否能发现行业里面的很多痛点，并且找到哪几个痛点最有可能通过数字化的改造解决，找到一个最好的切入点，通过一个数字化的产品去解决一个问题，而不是上来就做平台。这样一个小产品一旦成功了，就可以围绕它再去做更多的功能和产品。

我觉得做产业互联网不要上来就花太多钱，花个几百万元去跑通一个小的逻辑循环，并且在这个循环里面上下游的客户都愿意买单，这是非常重要的一件事。

汤明磊：您认为产业互联网的终局在哪里？

童玮亮：从终局来说，我觉得大部分产业互联网公司都有机会成为一个行业的巨头，或者成为一个纯产业互联网的上市公司。其中极少数产业互联网公司能够往 C 端发展，甚至在 C 端做出很好的业务，从而孵化出多个品牌；另外一端是往生产端发展，因为产业互联网更多偏流通，在流通端获得了很多用户的数据、商家的数据，甚至是商品的数据，据此可以进行柔性生产，发展柔性供应链，在生产端生产出更适合流通端的产品。

在我看来，产业互联网是在消费互联网和工业互联网中间的环节。能够往两端去延伸的产业互联网公司，在很长的时间段内可能都是凤毛麟角，但有这个想法，肯定是非常好的一件事情。

童玮亮寄语

如果你在一个小的点上都做不成，你搭个平台的成功概率会更低。我曾经碰到无数创业者跟我说，我们这个行业就是特殊，必须把所有的环节做了才有可能成功，我觉得这样的创业者一定是没有想清楚。每个行业一定都有机会从单点切入进去。

对话颜艳春：数字化的未来——从农业文明、工业文明到智业文明

从 2013 年开始，企业服务的概念在中国兴起，发展到 2023 年已经有 10 年的时间。这 10 年中的前 8 年，每年整个企业服务市场的增速大概是百分之十几。但是到了 2020 年这一年涨了百分之一百，2021 年这一年涨了百分之一百多，是企业服务行业发展变快了吗？其实并不是，而是因为这两年企业服务市场的估值被拉高了。人们总是容易高估一个新技术或者一个新模式短期的影响力，而低估它更长期的影响力。

经历 2020 年和 2021 年快速的火热期之后，到了 2022 年，中国的企业服务市场整体进入一个低点，很多老牌的上市公司市值跌了近一半，一些新锐的上市公司甚至跌了百分之八九十。大量一级市场的产业互联网项目也由此受到了波及，整体都进入了低谷。

汤明磊：很多人说，2022 年一下子从产业互联网元年进入了产业互联网的谷底，您是怎么看待这个观点呢？您觉得 2022 年产业互联网的估值低点对整体的企业服务市场会带来什么样的影响？你觉得这是投资机构抄底的好机会，还是抛

盘离场的好机会？

颜艳春：产业互联网是互联网的下半场，从开盘到现在已经发展 5 年了。我们发现目前很多产业互联网的项目更多扮演的可能是一个"兵工厂"的角色，做云计算、产业云服务、工厂云服务等等这类公司，实际上可能还是一个 SaaS，在我看来，他们就只是产业互联网的数字化基础设施公司，但还不够，他们只是拿到了产业互联网的门票。从整个产业互联网来看，的确有一些往下走的公司，但还是有很多往上走的公司。比如我们 2016 年投资的国联股份，从一家黄页公司成功转型为产业互联网平台公司，从 2019 年上市到现在其市值已经增长了差不多 10 倍，目前市值已经突破了 430 亿元。

7-11（日本公司）人均创造利润超过 120 万元人民币，没有一家自己的实体店、没有一个自己的工厂和物流中心，但是，它建立了这样一个产业路由器，实现了多方的连接。它既不赚中间的进销差价，也不赚通道费和广告费，唯有免费的连接。但是，通过这个产业路由器，与众多产业链上的伙伴合作，创造出了一个最大的便利店市场，GMV 突破 3 000 亿元人民币，形成了最深的价值洼地，这个价值洼地帮助它完成了一次伟大的飞跃，将 2 万多个夫妻店和 178 个工厂、160 个物流企业团结在一起，从利益共同体到命运共同体，从传统的连锁加盟体系进化为一个高效率、高价值的便利店共同体。

我记得在五六年前我们盛景嘉成开始布局产业互联网赛

道的时候,大家其实还没有想明白到底应该怎么干,那时候可以说是还是 B to B 电商的时代。我们发现 B to B 电商公司只是披着互联网的狼皮的一个更大的贸易商,没有真正改变产业格局,更多的是在跟实体经济体对抗或者相互为敌的状态。现在我们看到大量工具类、贸易类的公司愿意转型为产业互联网平台,把整个产业链的上游、中游、下游团结在一起,构建 B to F 产业路由器的全新商业模式,也就是需求驱动的一个反向供应链模式,是零库存、零资金池甚至负资金池的一个产业共同体。我们认为这些公司将来仍然有巨大的生命价值。

所以,我觉得很难说哪些公司值得抄底。我们仍然会看它的商业模式和它的整个产业链整合后的格局。如果它没有形成一个产业共同体,仍然还是一盘散沙,只是完成了数字化,我觉得这还远远不够。数字化只是一张门票,我们要做的是拿到门票进来要把整个产业彻底改变,打造一个产业共同体。

在产业互联网这个方向上,大家一定要有坚定的信仰。我们认为产业互联网才刚刚开始,战争才刚刚打响,还有大量的行业处在蛮荒阶段,我们有巨大的机会可以重新去改变未来每个产业的格局。

汤明磊:从企业服务到产业互联网,其实我们一直在产业互联网的 to B 的红利里面奔跑,在奔跑的过程当中集合广大投资机构之力,其实在各个赛道已经跑出了一些上市公司、拟上市公司和一些估值早就超越了独角兽的公司。有人说，产业互联网的红利快结束了。还有人说，尽管有很多产业互联网公司已经上市或者快要上市了，但其实它们并没有真正地改变这个产业，留给新的创业者还有大量的机会，可以用新的方式重新再做一遍每个赛道的产业互联网。这两种观点您更赞同哪一种？您怎么来看这个问题，是机会不多了，还是真的才刚刚开始？

颜艳春：在中国，几乎每一个产业都已经达到了万亿元规模。如果再对这些产业进行品类细分的话，每个赛道仍然有巨大的机会。有人做过统计，假如把行业里规模排在前100 的公司市场份额加在一起，在整个市场中占比也难以达到20%，通常为 10% 左右。所以，产业互联网仍然有巨大的创业空间。

据工业和信息化部统计，2022 年底中国中小微企业数量超过 5 200 万户，规模以上工业中小企业经营收入超过 80 万亿元。但是，这些中小微企业高度碎片化，而且生存状态非常糟糕，有的甚至还处在生死存亡的挣扎之中。更加严峻的是，大量的中小微企业供需严重错配，有些企业的产、供、销很少，却能做到全产业链，喜欢单打独斗。结果导致它们最大的库存是员工，每年赚的钱都用于支付人力成本，年年做生意但年年收入没有增长，最后只能裁员，再把尾货打折卖出去。这些企业的平均寿命也就 2~3 年。

中国市场经历了过去 40 多年的高歌猛进，已经进入存量经济时代。如何打破过去研、产、供、销、服每个节点都自己干的单兵作战模式？如何改变一锤子买卖的落后商业模式？如何把大量闲置的研发、产能、供应链、渠道、服务、员工等资源和大量闲置的客流、商品流、信息流、资金流、物流等资产有机整合在一起，产生化学反应？我在 2016 年提出了一个全新的 B to F 产业路由器模式，团结一切可以团结的力量，通过共享和赋能，形成一个行业的产业大坝和更深的价值洼地，构建一个高价值的产业共同体和命运共同体，我认为产业共同体是产业互联网的终局。

产业路由器是指在需求端把大量闲置的、碎片的用户资产整合起来，在供给端把大量闲置的、过剩的供应资产整合起来，完成供需双方的实时连接和高效的智能配对，打造共享、共生和共赢的产业共同体。

产业互联网的终极目标就是要团结一切可以团结的弱势群体，共建产业共同体，把这些碎片企业汇集起来形成一个大坝效应。这种产业大坝、流量大坝、供给大坝结合起来，最终能形成一个产业共同体。我觉得产业互联网在每一个细分品类、细分赛道中，只要静下来仔细分析研究，每个行业都有这样的一种新的可能。我们认为，在小的行业里面至少可以涌现 3~5 家这种形成了产业共同体的公司，在大的行业里涌现 10~20 个形成了产业共同体的公司是没有问题的。

我认为中国的产业互联网才刚刚兴起，我们对它还是要有一种坚定的信心。我觉得这是下一个 10 年最伟大的一个赛道。如果你现在还没有失败，但也只是获得了小成功，那么一定要反思一下，不是产业赛道太小了，而是还没有真正步入产业赛道。

汤明磊：我们也看到很多企业还是在用贸易商数字化的方式在做产业互联网，其实并没有真正切入业务层面的运营，所以产业互联网其实还是有大量的机会留给后来创业者的。所以越来越多的投资机构在转向 to B 赛道，转向企业服务的赛道。每家投资机构背后其实都有它的"母体基因"，它来源于对投资机构之前的核心成功项目的底层逻辑思考。您是怎么看待"母体基因"的？

颜艳春：我们觉得创始人的特质可能会长远地影响一个企业的。比如，乔布斯离开差不多 12 年了，但实际上乔布斯的身上散发的光芒和他给苹果公司带来的文化价值观，今天照样能够帮助苹果继续走向更长远的未来。所以这一点我高度认同。

无论是一家公司、一项业务还是一款产品，都会有一个生命周期，就像一个抛物线一样有高点也有低点。当你的生命周期开始走下坡路的时候，你有没有第二曲线？几乎没有人愿意在走上坡路的时候部署第二曲线，大部分人都是等到市场已经不支持自己往上走的时候才会采取行动。

我们要制定一个伟大的战略必须抓住两个关键：一个是有没有收获当下时代红利的眼光；另一个是能不能把收获的红利变成产业的毛利。如果没有抓住这两点，只是专注于怎么与时俱进，很多时候就会陷入"泰坦尼克困境"——好不容易上了泰坦尼克号，从五等舱混到三等舱、二等舱、头等舱，正准备庆贺的时候，推开窗户的门发现冰川就在眼前了。

我们发现在投资行业有"590效益"，就是90%的价值都是5%的公司创造出来的，另外95%的公司往往在一个赛道里面摧毁价值。为什么有的公司在最火爆的时候突然破产了，为什么有的公司上市10年后突然就没了……背后的原因就在于它能不能超越它的生命周期，能不能收获当下时代的红利，能不能把红利变成毛利。

产业互联网就是当下时代最大的红利，我们要让互联网的光芒不仅照耀到产业下游，更要照耀到产业中游，照耀到产业上游。大家一起结为一个产业共同体，一起去成长。在这个方向上，我们要真正有一种海胆式的生存能力，要学会裂变。裂变的关键是要建立卓越的组织能力。

伟大的企业不外乎就是有一个好的战略、正确的战略，和一个卓越的组织能力。卓越的组织能力又被以下三件事情所约束。

第一个就是创始人的格局和胸怀。真正要建立一个海胆型组织，创始人的眼光非常重要，创始人要能够看到当下时代的红利。

第二个就是决策机制。在伯基的投资人团队里面，有一个分布式组织，都是一个个3~5个人的小组。创始人永远不去对每一个项目投票，而是多个并列的小组同时去看一个赛道，由他们自己做决定。产业互联网企业也要建立这种自下而上的并联式的多个小分队的组织，这样成功的概率就高了。如果我们还是天天受到上级领导的意志影响，创始人天天自上而下地去指挥怎么做业务，这个生意就做不成了。

第三个就是中台机制。我们要让一线管理者去指挥打仗，就要让他们能够调动我们的后台资源，那么我们的组织中台、业务中台、数据中台、数字化的基础设施，这些东西能不能跟上去，这种中台的能力也非常重要。

我觉得抓住以上关键点就有机会跨越第一曲线的困境，进入第二曲线、第三曲线甚至到第四曲线，组织的寿命就可以长得多。

汤明磊： 在我的眼里，您就是一个未来学家，因为您能比年轻人更快、更准确地看到未来。最近几年大家都在聊元宇宙，我知道您在元宇宙方面的研究也特别多，我特别想听听您关于元宇宙的观点。

颜艳春： 我的小儿子就是 ROBLOX 元宇宙最早的用户。当他有一天说他做了好多萝卜币的时候，我突然发现在很多年前他们就开始在创造 3D 创意虚拟的世界。元宇宙真的是呼啸而来。

我们觉得元宇宙可能在下一个 20 年是一个 10 万亿美元级别的赛道。在硅谷的 5G 覆盖的一个项目，现在已经价值180 亿美元，每天有 2 亿人在这个平台创造属于自己的世界，包括数字人、NPC（non-player character，非玩家角色），都在为我们呈现这个世界，很多4~10岁的小朋友也都非常喜欢。这只是元宇宙的一个小小的开始。美国歌手 Travis Scott（特拉维斯·斯科特）在全球超人气竞技网游《堡垒之夜》（*Fortnite*）搭建了一个元宇宙的舞台，他化身成了一个大概5米高的巨人在元宇宙的舞台上表演，那种沉浸感、临场感、在场感，真的是深入其境，栩栩如生。元宇宙为我们创造了一个虚实共生的新的世界。所以我经常说，元宇宙满足的是我们精神层面的需求，它会成为我们人类心灵的一个绿洲。

我们觉得元宇宙一定是一个三维的空间互联网。但是目前我们的技术太落后了，当一个元宇宙的计算芯片具有足够强大的算力以后，我相信真正的元宇宙的拐点可能就要到来了。在元宇宙的苍穹下，组织结构、经济模式、资产模式、分钱制度、风险制度……都将被重构，消费元宇宙、工业元宇宙和产业元宇宙将逐渐形成。

当所有的实体店、百货公司、购物中心、超市，所有的直播间、短视频空间，都会出现在元宇宙的世界，所有的元宇宙的场景也将开始商业化。在 Travis Scott 的元宇宙演唱会上会有一个小卖部，我们在里面可以买虚拟鞋，也可以买实体店里面的真鞋。这一切正在改变和创造我们的未来。所以，我觉得元宇宙也会给我们的产业互联网注入新的澎湃的动力，而这一切其实才刚刚开始。

汤明磊：我觉得不管产业互联网还是产业元宇宙，其实都是产业进化过程中的一环。所有产业的纵向进化都会经历从农业化到劳动密集化，再到工业化、标准化，再到数字化、算法化、智能化的过程。所有产业的横向也会不断进化，从企业内部的数字化（点的数字化），到企业兼上下游的数字化（线的数字化），再到整个行业或者整个产业的数字化（面的数字化），最后到跨行业、跨产业的数字化（体的数字化）。所以，产业互联网只是整体产业进化中的一环，包括产业元宇宙、工业元宇宙也是如此。您是中国最早在研究产业元宇宙和工业元宇宙的学者之一，您怎么看待这两个概念？您觉得有没有一些有趣的雏形和现象已经开始冒出来了？

颜艳春：我觉得可能是产业元宇宙的进展比消费元宇宙更快。消费元宇宙最大的障碍仍然是技术的问题，当我们的技术发展得越来越适合个人化普及，就像当年的大型计算机普及到个人计算机、台式计算机，可能消费元宇宙才会真正地大规模地运用起来。

前面我讲的第一张大网，是三维的空间互联网。第二张大网其实就是万物互联的新时代的到来，就是从 web1.0 信息互联的时代到 web2.0 移动手机和人类连接的时代，再到元宇宙万物连接的时代。在这个时代，从全世界的人和设备，到每个车间的设备，再到每一架飞机的引擎，都可以连接在一起的时候，产业元宇宙反而比消费互联网更加可行。

AI 和万物互联给我们提供了一个新的机会，于是新的软件诞生了。现在 SaaS 这类公司能涉及生产车间的每一个数据。比如西门子开始通过 AI 去寻找线路板车间里面的缺陷。我们借助人工智能、区块链、云计算、大数据等技术，尤其是大数据通过数字孪生收集回来的大量的数据传到云端，形成了新的生产资料。这种新的生产资料就跟传统制造车间的原材料一样，变成了我们说的第三次生产资料的革命。在这个过程中，我觉得工业元宇宙反而变得更加可行。但是，所有这一切都仍然只是数字化，真正的工业元宇宙要改变生产关系。现在企业的生产更多的是预测市场需要什么，然后去生产什么。我觉得未来是我们觉得未来是真正要按需求来生产，按订单来生产。例如，希音（SheIn）就是把全球市场中的3 000多万个在社交媒体上喜欢他们某一款时装的女子的需求都集中起来，交给中国5 000多家工厂结成的数字化产业集群去生产。在这个过程中，每一张订单以及在车间里流动的每一件商品，都会有一个主人。而平台和工厂之间的分钱模式在生产之前就已经确定，并且建立了智能合约。它彻底改变了一个产业共同体的生产关系。

随着数字孪生技术越来越成熟，数字孪生 + 生产关系 + 大数据 +X……我觉得就可以建立一个行业的工业元宇宙。其中，设计是一个非常关键的环节。在技术赋能下，我们可以通过工业元宇宙把全球最顶尖的设计师、设计团队团结起来，帮助他们去做全球的生意。生产制造企业也没有必要聘用庞大的设计师队伍，即使是一个小工厂也能够共享全球最顶尖的设计师的创作。这样一种创作者经济能力就改变了整个生产关系。

国联股份，下一个三年计划推动一个上百家大型工厂的元宇宙计划，其实我们已经开始通过数字孪生技术改进它们的工艺以及生产环节。同样，我们也改变了生产关系。我们通过产业路由器的底层逻辑 B to F 建一个流量大坝，把用户的碎片化需求通过拼单集采拦截下来，让生产线上的每一张订单都有客户的名字。这样一种用预售驱动需求的 C to M 模式或者 B to F 模式下的规模化、个性化定制，就是工业元宇宙的雏形。

5G、AIoT、区块链、大数据、云计算、工业云……这些技术加上我们的产业路由器商业模式，完全有可能改变每个产业的格局，将产业链上所有企业的命运都结合成一个命运共同体，一起繁荣，共同富裕。

汤明磊： 您给大家列了一个公式——工业元宇宙等于数字孪生为底座，再加上改变生产关系作为核心要素，再加上大数据作为条件和手段，最后再加上 X，加上我们的产业互联网和产业路由器的打法，就能够形成工业元宇宙的雏形。

我们下一个话题就是我们的流量红利到底还在不在？我们的流量从 App 时代的消费互联网进入了微信互联网，又进入了直播互联网，诞生出了三波巨大的流量红利，在未来您觉得还有没有流量红利留给创业者？您觉得元宇宙会给大家带来流量红利吗？

颜艳春： 虽然说消费互联网时代真正的红利期结束了，但我认为消费互联网留给产业互联网时代最大的红利反而是存量。消费互联网时代留给我们的都是规模超过 10 亿的流量池，比如搜索社交流量池、本地生活流量池、移动私域流量池等。产业互联网行业是一场全场景的战争，在这个过程中我们有可能把这些流量池都推平，然后建立一个流量大坝把私域的碎片流量截留下来。所以我认为流量红利从来都没有消失过，元宇宙肯定是有巨大红利的。

元宇宙吸引的是新一代的消费者，带来的是一个巨大的增量红利。但同时，消费互联网过去20年积攒的存量红利正在大规模闲置。我们要通过"两化战略"，即"公域流量私有化，私域流量公有化"，共建每个产业的流量大坝，打造一个流量路由器，重新激活这些存量红利。

我在前面介绍的工业元宇宙，设计师如何保证每天上万个上新款式，他们的创意从哪里来？他们肯定不是自己凭空想出来的，而是从大数据分析出来的流行元素中激发创意。工业元宇宙中的用户每天在刷上新款式时停留了多长时间，给哪些款式点赞、评论最多……这些数据都在帮助设计师找到流行元素，启动创意源头。同时，这些数据也在指导制造工厂应该生产多少产品。假如一款新品的点赞数突破10万，那么明天它的生产量可能要从100到10万。这样的生产量一个工厂恐怕无法在一天之内完成生产，但如果是一个产业集群带，5个工厂同时生产1款裙子，那就没有问题。

中国有大量便宜的这种产业集群带，我们完全可以把这些产业集群带团结在一起，把他们的闲置产能共享起来，建立一个柔性的、数字化的供应链体系，建立云工厂体系，甚至将来建立工业元宇宙。

汤明磊：我非常认同您刚才的观点。其实流量红利还在，只是整合的方式变了，生产关系变了，我们不能通过原来的"大力出奇迹"的野蛮方式去猛攻流量，而是需要更精准的打法，需要靠更落地的"公域流量私域化"和"私域流量公域化"这样的手段来集合、整理和团结我们的流量，这才是更大的一个机会。

在这个机会的背后，其实是依托着新一代用户的崛起。无论是消费元宇宙还是产业元宇宙，无论是消费互联网还是产业互联网，变换的背后其实是用户的更迭和时代的更迭。从最早大家都觉得"80 后"是年轻用户，到"90 后""00 后""Z 世代"的迅速崛起，再到被很多机构和媒体称为 Alpha 世代的"10 后""15 后"悄然登场，我们的时代不断地在进行着更迭，核心用户群体也在不断地发生变化。

网上有这样一个小段子：在 soul（虚拟社交平台）上做加盟，在抖音（短视频社交平台）、豆瓣（兼具书影音的评分系统和兴趣社区平台）上租房，在 Boss 直聘（在线招聘平台）上找对象。这是"00 后"用户画像的一角。

还有一个关于"00 后"消费品的小段子：茶是冻干茶、水是气泡水、酒是低度酒、肉是植物肉、菜是预制菜、烟是电子烟。这个究竟是"00 后"自己喜欢的，还是 VC 以为"00后"喜欢的，我们就搞不清楚了。

您怎么看待"Z 世代"和"Alpha 世代"带来的新消费机

会，其中有哪些坑和哪些机会可以分享给大家？

颜艳春：这个问题让我很感慨。因为我是"60后"，跟"40后""50后""60后"一起生活、工作，而我家里又有"70后""90后""10后"。从他们的身上，我真的能够看到中国每一代人群的消费观念都在发生巨大的变迁。

我们的爷爷辈、父亲辈甚至包括我们自己都是生长、生活在稀缺经济时代，大部分都处在马斯洛需求层次中最底层的生理需求阶段，能够吃饱饭、穿暖衣就不错了。随着中国进入小康社会，"00后""10后"甚至是"20后"出生的"Alpha世代"，更关注的是马斯洛需求层次中更高级的精神层面上的需求，他们要消费自由、消费民主，更要消费平等。这个时候，我们看到很多品牌被重新定义。

你要思考，你的品牌如何成为传奇？如何在消费者内心引发共鸣，激起惊爆的声浪？价值观凝聚人心，艺术接近心灵。在"Z世代"的世界中，新消费主义浪潮正席卷而来，品牌应该是一部年轻人每天追着看的连续剧。

比如，在我女儿眼里，香奈儿是"我妈妈用的品牌"，她不要跟妈妈们用同样的品牌，一定要用一个妈妈们不知道的品牌。所以很多新品牌突然走入我们的视野，走入年轻人的世界。例如，美妆品牌"话梅"，不到9家店，单店600多平方米，年销售能突破亿元。你走进每一家"话梅"店，首先会被店里高颜值的工业风设计惊呆，接着会被店里那些你从来没有听说过的来自世界各地的200多家小众品牌所吸引，所以年轻人迫不及待地走进去消费。香奈儿也终于明白了，不能老卖香奈儿，推出德普的女儿莉莉–罗丝·德普（Lily-Rose Depp）拍了一则香奈儿 N° 5 香水在圣诞节的广告，一下就吸引了年轻人的目光。我们发现这个品牌在年轻人中重新活了过来，它也找到了自己拥抱年轻人的新路径。

随着女性意识的觉醒，我们看到内衣市场的改变。过去的内衣品牌更多地强调内衣要性感、好看，可是在年轻的女孩心里面"舒服、感觉好、自己想穿"更重要。她们追求的是让内衣来顺从我的身体，而不是让我的身体来顺从你的内衣。她们不崇尚权威，要求悦己、独立、自我，把目光集中在自己的身上。我觉得这是一种消费自由的崛起，消费者需要更多的自主权和参与感。例如，很多年轻人走进喜茶的店门口就会拿起手机拍照，因为喜茶创造了一个新的场景，代表一种新的生活方式，代表年轻人的自主权和参与感。

我认为，一个品牌不是老板的品牌，不是创始人的品牌，而是消费者心中的品牌。例如，内衣品牌 NEIWAI（内外），它的品牌逻辑就发生了很大的改变，定位于"中国贴身衣物生活方式品牌"，初心是"做一件让人身心自由的内衣"，不仅是让身体自由，也要让身心自由，她不是谁的附庸，而是她自己，只是她自己。这样的理念背后是他们认为每一种身材都是美的，每种身材都可以在这个品牌下找到自己想穿的内衣。

我们要重新思考新消费品牌的资产，重视用户资产、数字资产。消费者在品牌上花时间消费的时候，就是在创造时间资产、社交资产、消费资产，这些都有可能形成一种新的社交货币，并且在用户之间流通。这些货币像液体一样，推动我们进入一个真正液态的消费社会。例如，一个 10 多年的老牌公司罗布乐思（Roblox），于 2004 年创立，却在"Alpha世代"的元宇宙迎来爆发。越来越多的年轻人成为罗布乐思的成员，一个五六岁的小朋友就开始在罗布乐思上建立自己的世界，在这个世界里面通过赚萝卜币得到自我价值的认可。而萝卜币在罗布乐思上的流通又创造了新的资产，打造了一个液态的消费社会。

总结一下，新消费主义浪潮的崛起给我们带来了一个伟大的时代。如果你的品牌不能够把存在感、仪式感、参与感、幸福感做出来，不能够激发出消费者内心的共鸣或者让他们心中有点小缺憾，无论是新消费的品牌还是新零售的品牌，都是走不远的。我们看到零售业的伟大意义是为人类带来精神家园，一个带来快乐的地方。所以很多女孩子，开心了要去逛街，不开心了也要去逛街。我们并不认为实体店会消亡，反而会被重新定义。

我们要重新去看这个世界的改变。把这一点想清楚以后，我们就可以加快跟随消费者的脚步，真正占领他们的心智。如果我们能够进一步占领他们创造的经济，占据他们的时间，我们就能打赢一场伟大的战争。

汤明磊：今年科技界最大的事件就是 ChatGPT 的横空

出世，通用人工智能会对我们协同网络的构建产生什么样的影响？

颜艳春：人类协作的规模一直在进化。历史上，1.0 劳动力杠杆，人生钱的模式。福特 T 型车能够动员上千名工人，这是一个线性增长的时代，增长总是会出现天花板。

2.0 资本杠杆时代，钱生钱的模式。资本能够推动一个行业的兴起和整合，但投资风险巨大，往往是"590 头部效应"（一个大的赛道，5% 的项目创造了 90% 的价值）。当进入数字文明或者人工智能文明 / 智业文明的时代，我们第一次看到算法杠杆的力量诞生了，它是云生钱的模式。

一个抖音算法，几亿行代码能够发动 20 多亿人共同建立一个协作网络，用杠杆撬动了整个市场。

苹果商店有 220 万应用程序，背后是几千万个程序员为它劳动，苹果公司把平台上产生的数据共享给创作者，并把收入大头分给了创作者。

它的算法杠杆可以动员更多的人为它劳动，苹果商店的 2021 年 GMV 超过 850 亿美元，为开发者分配了 600 亿美元，过去 14 年，苹果公司为开发者共分配了 2 600 亿美元。ChatGPT 依靠预训练的算法和大模型，半年破 2 亿美元，产生了巨大的力量。

云生钱的背后，是大数据变成了生产资料，算力、算法、算据，团结在一起变成了一个浩浩荡荡的云生钱模型。

这种杠杆革命让我们见识到一个新的可能性，就是大量的经济体都开始云化，所有的公司都可以用 ChatGPT 重新武装起来。杠杆的利益为每一个人创造的价值是巨大的，今天如果一个工人创造六万元的价值，那未来智工可能就是六十万元，这对生产力是一个巨大的提升，这是今天我能看到的新未来。

" 颜艳春寄语 "

> 万物皆有周期，再大的公司都有它的周期，所以做一家值钱的公司是非常重要的。可能当下不一定赚钱，但是未来会非常值钱。我觉得一个企业的基本使命其实是活下来。无论你的公司是赚钱还是值钱，第一使命或者说最长期的使命是活着。只有公司活着，你才能创造奇迹，把它带到一个更值钱的轨道上，否则谈什么都是空。

对话周晓：数字供应链的山峰

数字供应链这座山峰上的爬山者越来越多，其中不乏已经爬到高处的人。当我们回头去看他们来时的路会发现，有的人是从供给端出发，有的人是从流量端出发，还有的人是从产品端出发……大家爬山的路径和姿势各不相同，但爬的都是数字供应链这座山。

汤明磊：您曾在一篇文章中提到，to B 企业其实都会经历

6 个阶段的进化，也就是劳动密集、工业化、标准化、数字化、算法化或者说在线化、智能化这样 6 个阶段。从最早的劳动密集到最后的智能化，整体的跨越是非常大的。6 次进化的背后其实也意味着 6 次成本结构模型的重构。您觉得分别处于这 6 个阶段的代表性行业有哪些？它们在进化到下一个阶段，会带来哪些投资上的或者行业本身产业升级的机会？

周　晓：这个问题真的非常有深度，一定是把这个文章看过七八遍以后才能提炼出来的。我先说说我们对整个行业阶段变化的一个判断。

首先有一个底层逻辑的认知，我们认为未来的 100 年之内，就是从今天开始到未来的 100 年之内，所有的行业都会被智能化所改造，都会走到智能化阶段。

今天已经走到智能化阶段的行业其实为数并不多，比较有代表性的就是信息行业和广告行业。信息行业已经诞生了字节跳动这样万亿元级别的公司（《2023 全球独角兽企业 500 强发展报告》中，字节跳动以 1.48 万亿元估值位居"2023 全球独角兽企业 500 强排行榜"榜首）。本质上来讲，是因为信息行业智能化的实现相对比较容易。它的信息传递的介质相对比较轻，所以它通过一些相对简单的数字化方式就可以完成智能化的转化。

智能化再往前一个阶段就是算法化。算法化的意思就是你要根据你的业务流程构建一个相对合乎逻辑的框架，然后把所有的信息按照规则嵌入到这个逻辑里面，把所有无序的东西变得相对来讲比较有序。当所有的东西都变得有序之后，它只需要不断去组合，最终就进入智能化。

在算法化阶段，比较有代表性的是电商行业。电商行业为什么没有像信息行业一样实现智能化？本质的原因是电商行业除了线上的属性以外，还有一种线下的属性。在线上用户和 sku 达成了一个匹配关系之后，还涉及线下的交付。例如，一个用户对某一个商品产生兴趣之后，用户要的是这个商品本身，但这个商品今天在线下有可能在天津，也有可能在广州，还有可能在上海，它有可能在任何一个地方，同时这个商品可能还会有不同的库龄、不同的有效期，品牌方可能对它还有不同的促销活动，所以它在线下的属性其实是脱离于线上的属性而独立存在的。电商行业如果想实现智能化，必须要做到线上的属性和线下的属性同时实现算法化。这就比单纯的信息维度多一层线下的维度，所以电商行业的算法化的难度就会高一个层次，也就更难实现智能化。

算法化之前的一个阶段是数字化。数字化简单说就是把线下的数据变成线上的数据，其实是算法化的一个前提。你如果没有办法把线下的产业做一个数字孪生，你就更没有办法让它变得有序。例如，装修行业其实就是一个典型的从标准化到数字化的阶段，线上三维效果图其实就是线下设计图纸的数字孪生。再例如，我们曾经投资了一家做冻品行业数字化的公司，就是把一个个脏兮兮血淋淋的冻品变成一个个数字资产，这些数字资产通过证券化之后就可以在线交易，用户可以去买卖这些冻品的期货、合约等，而不仅仅是买卖冻品本身。

数字化之前的一个阶段是标准化。我们要先从工业化去实现标准化。大家有的时候听到的工业化都是标准化，事实上工业化不代表标准化。我举一个例子，汽车是工业化，但汽车不标准，中国生产的车、美国生产的车、德国生产的车、日本生产的车都有自己的标准，各个车型、各个车系的零件也是不能通用的，但它是一个工业化的产品，它并没有形成标准。

从工业化进入标准化的行业，比较有代表性的有餐饮行业的预制菜、装修行业的装配式装修等。装配式装修是一个特别典型的从工业化到标准化的行业。装修行业所有的原材料都是工业化产品，沙子、水泥、油漆等。而装配式装修是装修公司先在工厂把所有的装修组件打磨完成之后，再到工地现场拼装起来。也就是说，原来做装修的时候不需要管工厂怎么生产，但是做装配式装修就必须要知道工厂能不能生产你需要的这个组件，如果你设计的组件工厂不能生产，那么最终就无法交付。这个就涉及大量的工厂的产能需要被数字化，而工厂的产能出现的前提是这个行业正在进入标准化。所以装配式装修是一个典型的正在从工业化进入标准化，并且从标准化进入数字化的这么一个阶段的行业。

此外，电热锅炉行业也是处在这样一个阶段。假如中国有 20 万台电热锅炉，每一个锅炉有一个加料师傅，每一个加料师傅的手法都不标准，结果就会导致这 20 万台电热锅炉的燃烧效率都不一样。其实锅炉烧制的过程是一致的，所以可以通过数字化的方式去形成标准。我在上海看过一家公司就是专门做这个事情。

所以我们认为未来 100 年之内所有的行业都会被智能化改造。实现智能化的底层推动力其实是技术的进步，也是云原生架构和算力算法技术的提升。

汤明磊： 这个当中可能它不是一个线性关系，也不是一个有序的一个关系，可能我们不一定是从劳动密集型向工业化、向标准化、向数字化、向算法化一步步迈进，对于很多行业来说是两三步甚至是三四步这样在快速的迈进。其实行业在进化的过程当中也会分别诞生一些投资的机会。您觉得在哪一个阶段到哪一个阶段的进化过程中，会最容易、最有可能诞生出产业互联网的模式或者平台？

周 晓： 我过去一直是做早期投资的风险投资，我觉得在这个行业进入标准化阶段我们就可以开始关注了。当这个行业开始进入标准化的时候，就意味着它具备了数字化的潜力，所以当这个行业正在标准化的时候，我们就会从它的数字化的潜力去关注它，不同行业的数字化的潜力是不一样的。

例如，餐饮行业的数字化其实很难做，因为每道菜其实都不一样，菜品本身就是一个很难标准化的东西，但是有一些东西其实可以形成标准。

从投资的角度来讲，就是要关注正处于标准化的行业，然后对数字化的潜力进行下注。

汤明磊：您曾经在分享当中说过，生意的底层逻辑其实是供需关系，谁能够最大限度地闭合或者重塑供需关系，谁就有可能具备这个行业链主的地位，也能有更强的底层竞争力。我还关注到您提出了一个概念——推式供应链和拉式供应链。这个概念跟我们一直在倡导的 F to B 模式（Factory to Business，工厂直发）和 B to F 模式其实有一些异曲同工之妙。这两种模式其实是两种思维，F to B 模式属于贸易数字化，又可以称为"企业供应链优化效率送达需求端"，它的思维是"挟天子以令诸侯"，"天子"是流量，"诸侯"是上游的供应端；B to F 模式属于闭合数字化，又可以称为"携流量集合订单倒逼供应链"，它的思维是分销渠道绑定供应端，是团结下游分销渠道来集合订单，进而提升小 B 的议价能力，在整个产业链闭合的过程当中做了这样一个降本增效的工作。

欢迎您给大家解读一下，推式供应链和拉式供应链分别适合什么样的场景？

周　晓：不管是推式供应链还是拉式供应链，我们其实都是用一种相对形象的比喻来形容这种供应链的组织形态。我们把一层一层往下推的供应链的形态叫作推式供应链，把先了解需求再重新组织供应链的形态叫作拉式供应链。从本质上来讲，它描述的都是一种供应链的组织形态，没有探讨组织形态的底层是如何构建的。

推式供应链其实在这个世界上已经存在了接近 100 年，

最经典的是 Git（开源的分布式版本控制系统）。但其实过去大家对所谓的推式或者拉式没有概念。我举一个简单的例子，社区拼团其实就是一个拉式供应链。我们把它和传统的推式供应链做一个对比。

例如，宝洁公司开发经销商，要覆盖一个村里面的一家门店要怎么做？宝洁公司要先找市级经销商，市级经销商找县级经销商，县级经销商找村镇经销商，村镇经销商再卖到村镇的门店里，门店再卖给消费者。这是一个典型的推式供应链，分销是一层一层完成的。在分销完成的过程当中，大概经历了 5~6 个环节，每一个环节都会产生 3 个成本，即仓储成本、物流成本和资金成本。这 3 个成本在每一个环节里面都会产生一遍。本质上来讲，每一个环节其实都是对下游需求的量化，比如市级经销商要估摸着下面有多少个县级经销商，每个县级经销商的销量大概是多少，然后报一个总数给品牌方，品牌方再把货发过来。但这毕竟是估计的数，在实际销售中一定会产生损耗，这个损耗就是我刚才说的每个环节的这 3 个成本。

我们发现，构建一个拉式供应链的特别重要的点就是要让需求在线。过去拉式供应链为什么不能有效地去组织供给，因为每一层的需求都不在线，需求在传递的过程当中是接受了损耗的。那么，推动这个事情发生的底层的技术驱动是云原生架构。

美国经济学家马克·莱文森（Marc Levinson）写过一本

书叫《集装箱改变世界》(*The Box: How the Shipping Container Made the World Smaller and the World Economy Bigger*)，讲的是第二次世界大战时期美国为了运送坦克到战场，发明了集装箱。战争结束以后，这种运输方式就被广泛运用于全球各地的仓储、航运和公路运输。所以，集装箱改变的不仅是一种运输的方式，而是全球的航运、仓储、物流的协同方式，它输出的是一种协同的标准。

云原生架构其实本质上和集装箱非常像。换一个角度来讲，我们认为一个云原生架构能改变世界。例如，A、B、C 三位同事在协作一个 Excel 表格，A 同事做完了给 B 同事，这个表格叫 v1.0，B 同事再把表格加工之后给 C 同事，这个表格叫 v1.1，然后我们会发现 A 同事是没有 v1.1 的，这个只有 B 同事和 C 同事有。所以这个信息传递当中就造成了损耗，A 同事的工作进度没有及时更新。我们现在用在线云文档，所有人在云文档上都可以进行写作，所有的写作都是实时的，大家都能够对最近的更新看得非常清晰。这是云原生架构在一个最简单的场景里面所体现出来的价值。

我再举一个行业的例子，就是外卖行业。外卖行业的商家、用户、骑手这三种人都是天然存在的，或者说餐饮行业已经存在几千年了，商家存在了几千年了，用户也存在了几千年了。为什么外卖平台能够把他们组织起来？或者说为什么过去单个的餐饮商家组织不起来一个配送团队？因为单个的餐饮商家自建一个配送团队是不经济的，因为餐饮行业的波峰、波谷非常明显。下午的时候大家在店里面躺着也没有订单，但这个时候如果把整个物流体系变成一个社会化协作的体系，它的成本就降低了。它原来的成本结构就被结构性地改变了，原来不经济的成本就变成了经济，所以外卖平台先做的是在线化。首先通过地推（地面推广）、补贴等方式大力推广在线，在线之后依靠规模用算法去调度，形成一个经济的履约模式。

所有这些架构都是基于云原生架构，它能够实时地让各方协同。我觉得不管是 B to F 模式还是 F to B 模式，还是其他什么模式，其实都是对一个现象的概括，而这一类型的现象我把它概括为 B 端。

我们再回到这个事情的底层逻辑，就是驱动这些现象发生的东西究竟是什么？其实就是云原生架构。云原生架构加算法和算力的进步，这就是智能化的基础设施。这个主题，未来 100 年可能都不会改变。

亚马逊的创始人杰夫·贝佐斯（Jeff Bezos）经常被人问道"未来 10 年会发生什么变化"，他却反问道"为什么没有人问：未来 10 年，什么不会变？这个问题才是更重要的——因为你的商业策略要建构在一定时期内能稳定的基础之上……"，我非常欣赏这句话。

汤明磊：您反复提到了云原生架构，其实这也是我们这一代产业互联网的创业者们不断在攀登的一个高峰。大家无论从哪个山坡去爬，最终都希望能够达到以云原生架构作为基础设施的一个智能化的山顶。我觉得您刚才的分享会给大家带来很大的启发。

很多在做 to B 数字化的创业者和企业家们，特别关心投资人怎么去看下一个 10 年或者下一个 5 年的产业互联网的趋势，更偏重于投哪些赛道和哪些种类的企业。我曾经跟大家分享过，我比较看好三类产业互联网的未来，我把它们总结为 S to B、SSaaS 和 SCM。

S to B 我总结为"供应链的数字化运营商"，我们可以简单地理解为黄页信息展示 B to B 的升级。SSaaS 我总结为"服务链的数字化运营商"，因为纯 SaaS 的生存状况不太乐观，我们建议纯 SaaS 平台在垂直赛道要 +S 去赚服务的钱，这个 S 就是"Service"服务。SCM 我总结为"价值链的数字化运营商"，它的核心价值是价值的再分配，及价值的有效协作和有效分工的再分配。SCM 主要应用于一些重度需求、重度非标而且需求非常随机的一些赛道，比如找房、找车、找阿姨、找融资、找人才等各个系列赛道。

我关注到您也总结了三类在未来 10 年具备投资潜力的机会，分别是改变成本利润模型、改变现金循环周期和改变市场供需关系。

对于这些趋势和机会，您可以更深入地和大家做一个分享吗？

周　晓：对任何事情的判断，我特别关注底层逻辑，也就是你整个的思考是不是能够放之四海而皆准。我认为商业模式是千变万化的，不同的阶段会有不同的商业模式产生，然后可以概括成各种各样的模型，但是回到这个事情的本质上来讲，公司创造价值其实是用 ROI（Return On Investment，投资回报率）来衡量的。一个公司的 ROI 取决于这个公司的价值创造。你要挑战上一代的巨头，你一定不能用它的模式去干。因为你们两个已经在同样的一个成本利润模型里了，也就是说你们两个在同样的 ROI 模型里面，所以你就很难再超越它。你必须创新，你的成本利润模型一定要跟你要挑战的巨头的成本利润模型不一样，你才有可能挑战成功。

ROI 由三个指标组成：第一个叫毛利率；第二个叫现金循环周期，就是所谓的周转率；第三个叫杠杆率，就是企业的借贷能撬动的资金杠杆。所以从 ROI 的角度来看，你可以从这三个指标去创新。

第一种是结构性地改变成本利润模型，也就是你的毛利率能不能比你挑战对象的毛利率高。如果你的毛利率比它的高，你的现金循环周期和它的一样，或者说你的杠杆率和它的一样，你的 ROI 也是比较高的。第二种是改变现金循环周期，也就是提高你的周转率，这样即使你的毛利率或者说杠杆率跟它的一样，你的 ROI 也是比它高的。第三种是提高杠杆率，这里不多展开来讲，因为杠杆率和企业规模紧密相关，通常企业规模越大加的杠杆规模也越大。

我讲的改变市场供需关系，就是你同时改变了成本利润模型，又改变了现金循环周期。我觉得这两个指标只要改变一个就有机会做一家价值 10 亿美元的公司，如果两个同时都改变或者说抓住了整个市场供需关系改变的一个机会，就有机会做出一家价值百亿美元的公司。我讲的这个模型其实是放之四海而皆准的。不管你是投资产业互联网公司，还是投资消费品公司，或是投资一些其他领域的公司，最终都要回到整个公司在股市上的价值表现。

以我们投资的行云为例。行云是靠改变整个行业的现金循环周期来做大规模的。跨境进口电商或者说消费品流通的领域里面，毛利率其实非常透明。但是这个领域的很多公司突破不了一个天花板，就是自己的资金体量。因为在这个行业存在大量的现金收款、大量的线下交易，导致银行资金很难介入其中，进而就导致这些中小企业的规模都被它的资金体量所限制。行云通过引入供应链金融的方式实现了规模的急速扩大。大概两年的时间里，行云的交易规模每年基本上都会翻三倍。在这个阶段，行云引入了债权融资（即投资方是以债权人身份投入资金购买某种资产或权益以期望获取利益或利润的自然人和法人），用动产质押（指债务人或者第三人将其动产移交债权人占有，将该动产作为债权的担保）的方式借钱给上下游的中小企业。因为行云本身是交易平台，有上下游中小企业的交易数据，能够通过它们的订单和资产状况了解它们的信用体系——只要行动能够控制它们的订单和资产就是有信用。一旦借款企业的订单、资产出现风险，行云也可以快速处理，所以行云的供应链金融体系在运营过程中几乎没有坏账。而从整个行业来看，行云是通过改变现金循环周期的方式快速发展壮大的。

我们投资的一家餐饮管理公司叫赞思，是典型的改变成本利润模型的公司。餐饮行业的现金循环周期一直以来都非常好，因为它的下游用户是现付（顾客消费之后立即支付费用），而上游供应商的货款是应付（应当支付而尚未支付）。我们投资赞思其实投资的是一个餐饮品牌孵化的公司。除了"汤先生"外，我们还有其他的孵化品牌。比如在上海我们孵化了一家"书福记烤鸭"，把烤鸭的方式，从非标的可能每一个师傅用不同的方式、不同的烤炉去烤，变成在工厂预制、在现场复热、然后直接出餐。赞思创始人陈华滨跟我讲过一句话，他说消费者买的就是一出戏或者说就是体验感，他的鸭子确实是之前都做好了，然后到店里就复热一下，但是消费者在店里看到的是烤炉里滴着油的热腾腾的烤鸭，他们就愿意买。所以赞思能够做到通过上游标准化的供应链，通过中央厨房的方式去结构性地改变了它的成本利润模型。

行云改变的是现金循环周期，赞思改变的是成本利润模型。如果同时改变了现金循环周期和成本利润模型，通常是市场供需关系发生了比较大的变化。我举个例子，它不是我们投资的公司，却是发展非常好的产业互联网公司，它就是贝壳。贝壳的成功是它抓住了特别重要的供需关系变化的一个时间点，就是中国的二手房供需关系的变化。在 2017 年之前，中国所有的二手房几乎都在往上涨，因为我们正在经历一个城市化的过程。但是从 2017 年开始，整个二手房市场出现了分化。三、四线市场的二手房的供给是供大于求，因为人口没有那么多了，城镇化已经接近完成了，但是还在不断投入新的房子，所以很多中国的三、四线城市的房价虽然表面上没有下行，但实际在下行。与此同时，中国的一线城市的房价依然在上涨。所以，2017 年作为一个分水岭，中国的二手房市场开始出现了供需关系的割裂，就是一线城市依然供小于求，三、四线城市则从供小于求变为供大于求。贝壳抓住了这个时间点，在供大于求的市场集中精力抓需求，拿到需求之后再分发给那些合作的二手房经纪机构，然后形成一个协同网络。所以贝壳发展得非常快，它的成本利润模型和现金循环周期跟同行完全不一样。二手房市场的现金循环周期非常慢，因为二手房交易的周期非常长。但是贝壳收的是 SaaS 使用费，而且是先收钱，所以它的周转率和毛利率都比同行要高。贝壳找房只做了 3 年就上市了（2018 年 4 月底贝壳找房上线，2020 年 8 月 13 日，贝壳找房在纽交所正式挂牌上市，抓住的就是供需关系变化带来的巨大的商业机会。

汤明磊：在攀登云原生架构的数字化供应链山峰的过程中，其实每个企业采用的爬山方式各有不同，您对此怎么看？

周　晓：我认为大家爬的其实都是一座山峰，只不过是因为每个企业的禀赋不同，所以选择从不同的坡度出发，有的企业可能是从南坡出发，有的企业可能是从北坡出发。南坡的路可能更平缓，但距离山峰也会更远；北坡的路可能会更艰险，但距离相对会更近。这个是爬山策略的选择，但大家爬的都是同一座山峰，本质都是基于云原生架构去构建一套协作体系形成一个快速反应的数字化供应链。

汤明磊：您总结得非常好，同时也跟我们下一个话题高度融合。不同的爬山策略也带来了不同的产业互联网模式，慢慢地大家发现各种模式在融合，比如 SaaS 开始带货了，B to B 也不单单做流通端，开始反向的直连工厂。您怎样理解这种融合？您觉得产业互联网模式纯一点好，还是杂一点好？

周　晓：我认为其实不应该分纯或者是杂，本质上来讲，技术的进步带来获取信息或者提高生产效率的方式不断在丰富。比如，我们做投资，没有直播的情况下我们也做投资，但有了直播之后我们可以在直播间跟创业者进行更好的互动，也可以在直播间跟同行进行更好的交流。所以，直播只是一个工具，并不代表投资模式变得更杂了，这只是技术进步带来的必然的一种效率的提升。

我认为中国在整个云原生架构的赛道上，其实具有得天独厚的基础。首先，中国是全世界人数最多的最大的单一市场，其次中国有全世界最全的供应链的配套，中国有很多非常优秀的企业包括阿里云、腾讯云、华为云、百度云等，都在不断地丰富整个云计算和云服务的基础设施。这些都使中国成为云原生架构体系应用的基础设施最好的一个国家。

我相信整个的产业创新在中国拥有最好的土壤。不管是融合，还是纯或者杂，都是商业模式的创新。这是一个变化的过程，我们放到一个长期的视角来看，最终都会殊途同归。

汤明磊：您能不能讲一个您在投资过程当中错失的一个项目，通过这次错失您有什么样的反思？您现在看待产业互联网项目会有一些什么样的核心指标来评判呢？

周　晓：其实这是一个挺难回答的问题，人都是很难认错的，可能错过就错过了。如果非要遗憾，我觉得可能是兴盛。我 2016 年就认识了兴盛的创始人岳立华，当时兴盛还没有做"兴盛优选"，当时做的是便利店的供应链业务。后来社区拼团模式火起来了，当时我基本上把市场上除了兴盛的其他企业都看了一遍，结果发现他们都回答不了我提出的"这个模式的亏损究竟在哪里"这个问题，所以我就武断地下了一个结论，我觉得社区拼团模式是个泡泡。因为这个结论我也就没有去找兴盛。2019 年，我偶然间跟当时负责"兴盛优选"融资业务的人有过一次交流，聊完之后我一拍大腿，因为我发现自己错过了一个很好的项目。

我当时对这次的事情总结出来两点误区。第一个误区，把结果当结论——你看了那么多企业，他们做得都不对，这是个结果，但是你把这个结果当成结论，说商业模式不行，这是错的。第二个误区，把事实当真相——这些企业优劣不等，这是一个事实，但事实不代表真相，如果你认为这个事实就等于这种商业模式不成立，这是错的。

关于我现在看项目究竟是一个什么样的标准，这个问题我觉得从投资角度会更关注战略指标，也就是我在前面讲的它有没有判断清楚供需关系、它的成本利润模型是什么样的、它的现金循环周期怎么样。通过这三个指标，你就能够知道这个公司真正的情况是个什么样子，就能够判断这个公司的未来。

战略指标是从上往下的，还有一类从下往上的指标叫运营指标。具体到业务的运营指标就有很多了，我给创业者的建议是运营指标的设计可以采取"三步法"。

第一步，以终为始。就像拼一个拼图一样，你要先把你所有将来要做的业务都摆在你的桌子上，然后梳理一下究竟有哪些指标或者说有哪些事是你在终局要做到的，你先把自己要做的事情拆出来。

第二步，先后主次。假设有100个指标，也就是说你有100个拼图，你要先把它们按照先后顺序进行分类，接着在先、后的类别中再分出主和次。先、后、主、次是四个不同的概念。当你分清先、后、主、次之后，你的战略路径图就非常清晰了——你要达到一个什么样的目标，你在某一个节点上是融资还是上市……

第三步，化繁为简。把所有的指标进行归纳总结，提炼出一个最基本的概念或者逻辑，然后讲给别人听，做到讲给马路上的任何一个人听，他都能听懂，你就成功了。

很多投资人会讲很多大的概念，但本质上来讲，你要回到最基本的东西上去看这个问题，也就是你的商业模式里最本源、最基础、最底层的东西。这是我的标准。

汤明磊：您刚才提到的三步我觉得对于企业创始人来说

是非常高的要求，也是他们必备的商业训练。最后还有一个问题要请教您，也是投资机构经常会问创始人的一个问题，就是壁垒方面的问题。我认为，产业互联挖请的壁垒分为三个部分：赋能、供给端的规模效应、供给端和需求端之间的协同效应。这是我个人的浅见。您是怎么理解产业互联网的壁垒的呢？

周　晓：壁垒只有在企业发展到一定规模、由攻转守的时候才重要。如果只是一个小公司，自己的一亩三分地那么小，首要考虑的不是壁垒的问题，而是进攻，先用尽全力把自己的规模做起来。当公司发展到一定规模，比如达到 10 亿美元以上，我觉得规模就是你的壁垒。

美团联合创始人王慧文曾经说过一句话，我觉得特别有道理。他说，规模是商业世界里的万有引力，规模优势是商业世界里的万有引力定律。万有引力定律是说物体的质量越大，它的引力就越大。所以，王慧文的意思是，当公司的规模越大，对周围产生的虹吸效应就越大。很多行业巨头其实都遵循这样的一个定律。这就是规模本身产生的壁垒。但对于一些中小型企业来说，也不能把规模当成回避竞争的理由，你要思考的问题是如何达到规模。

万有引力定律里面有一个公式叫"第一宇宙速度"，是指在地球上发射的物体绕地球飞行做圆周运动所需的最小初始速度。王慧文说的商业世界万有引力定律里同样有第一宇宙速度，但绝大部分的商业模式都脱离不了这第一宇宙速度。

当公司达到一定规模的时候，大家会发现很难再有所突破。这可能就是你的公司最适合在商业世界生存的生态，如果想构建一个新的商业模式、新的生态，就必须具备脱离第一宇宙速度的加速度。

关键点是如何找到那个能够让你脱离第一宇宙速度的加速度。我们再回到行云的 2018 年到 2019 年，它的加速度就是债权，它通过债权融资把规模推到了行业第一名的位置，并且具备了绝对的规模效应，行业第二名的规模远远不足以和行云对抗。当然，每个行业性质不同，每个企业的状况不同，加速度也会不同，你要做的就是找到自己的那个加速度。

66 周晓寄语 99

我们在整个产业互联网发展创新过程中，经常会关注到一些矛盾和统一的哲学，比如大与小、全与专、快与慢、轻与重。我认为这些问题在本质上其实是路径的选择，并不是代表哪一种方式会更好或者更差。我觉得其实不存在所谓的绝对的最优路径，存在的是适合企业当前状态的业务的路径。有句话讲得非常好，叫借假修真。我觉得这些其实都是表现出来一种假的状态，但你要修的其实是真，是一个未来 10 年可能都不会变的底层逻辑。

对话赵今巍：产业互联网是灰狼集结

赵今巍在他的著作《灰狼群效应》中提到，在农业时代和工业时代，如果把产业市场看成大片连绵的森林，森林中生活着不同价值角色的企业物种……森林不断发生变化，企业物种也随之或生或灭。但不管物种如何变化，在一定时期内，终究会有一部分企业通过残酷的市场竞争成为同行业中的"老虎"……森林中有更大体量的中小企业，它们在面对老虎企业和其他同行的竞争压力时，成了灵活机敏的"狐狸"。……产业互联网形成了企业的"群居"习性……这意味着长期只有"老虎""狐狸"的产业森林中，孕育出新的群居物种，即"灰狼群"（又称数字产业集群、数字产业组织或数字生态）。灰狼群中的新型互联网企业称为头狼企业（又称链主企业）。

汤明磊：头狼企业是凭空冒出来的吗？还是说头狼企业有可能会从"小老虎"或者"大狐狸"当中诞生出来，那么头狼企业更有可能从哪类物种企业诞生而来呢？头狼企业会有着什么样的特征？

赵今巍：实际上头狼企业更多的是来自我们的实体产业中的企业，有可能是老虎企业也有可能是大狐狸企业，通过进化形成了头狼企业。产业互联网里面的这些头狼企业，也是平台企业。这些老虎企业和大狐狸企业在进行数字化转型过程中，通过联合垂直产业内的大量实体企业包括生产企业、零售企业等抱团取暖而诞生出来了灰狼群生态。

产业互联网的平台企业或者头狼企业的创始人，更多的是来自垂直实体产业的有情怀、有格局也有能力和产业资源的企业家。我在书中也写道，传统的实体产业是个黑森林，里面都是个体竞争为主，每个企业都是在考虑自己的利益如何做到最大化，个体之间相互博弈，产业内耗现象非常严重。那么，一些有情怀、有想法的企业家就会想要改变这种现象。

围绕头狼企业的起源，我们可以分成两拨来详细看下。一拨来自"大老虎"或者"大狐狸"，本身有一定的资金实力，产业资源相对也比较多，也有很强的情怀、很大的格局，那么他就可以团结一个狼群出来，并且帮助整个狼群在市场上站稳脚跟，同时自己企业的业务又获得很好的增长；还有一拨来自"中大狐狸"，它们可能无法凭一己之力构建狼群，但如果它们能够得到风险投资机构的支持，在资金驱动下再结合自己的产业资源去做头狼企业。"更小的狐狸"企业确实很难成为头狼企业，但我们也可能会看到一种"抱团"现象，一群"中狐狸"凑钱、凑资源导入一家平台型公司里面，大家一起培养一家头狼企业出来，然后在这些企业家里面找一个有能力、有格局、有情怀的意见领袖来做头狼企业的创始人。

我们还可以从产业链的价值分工来看这些头狼企业的来源。实体产业链价值分工里面，有零售角色、有流通批发角色，还有生产角色。这三种角色实际上都有可能诞生头狼企业，但起步比较快的可能很多是从流通批发商转型而来的。因为流通批发商这个价值分工角色，在信息透明的互联网时代想通过产品的批发差价去获利越来越难，无论是生产厂家还是零售商都想跳过它通过直播等方式直接面向消费者。这种情况下，批发商在传统工业时代所承担的很多价值功能会不断被削弱。它们转型成为头狼企业会更容易，因为产业链的价值分工角色决定了它们无论是对接生产厂商还是零售商，都比较容易，通过给其他角色赋能实现灰狼群生态。还有一些是从生产厂商转型的头狼企业，类似于小米。小米有自己的生产厂商也有自己的品牌企业，但它会明确哪些品类自己做、哪些品类跟更多的生产厂商或者品牌厂家合作，而不是一个人吃掉所有的蛋糕。生产厂商要成为头狼企业，一定要有节制，知道自己做哪个品类的产品更有竞争优势，专注做好自己的品类，让其他专注做好其他品类的生产厂商能够参与进来，一起推动一个生态的构建以及产品竞争力和市场竞争力的进化。这样才能实现在这个生态中的竞争力最强，间接使头狼企业在这个市场里面的话语权最大，从而获得更大的资本价值。此外，我们也会看到一些流通零售端的企业成为头狼企业，扩大零售加盟体系，扩大生产商供应品类。

头狼企业有着什么样的特征，这个问题我觉得要从不同的层面来说。

首先，头狼企业的创始人一定要有大格局，要做开放生态，构建一个内部成员之间背靠背、相互信任的狼群。因为头狼企业通常是这个领域里头的意见领袖，对这个产业和市场的经营规律、产业资源非常了解，但是规模不一定特别大。

其次，头狼企业的高管团队一定要善于学习。从传统工业时代跃迁到数字时代，里面有大量的知识、信息需要学习，包括数字化工具、生态形成进化的新的经营规律、新的经营理念，等等。我们经常会遇到一些产业互联网企业的创始人抱怨说，你们投资人不懂我们，你们看不懂我们这个行业。实际上投资人不是不了解你的行业，而是他了解的地方和你了解的可能不一样。投资人了解的是你这个行业现在的市场和工业时代的市场有什么不一样。对于头狼企业的高管团队来说，无论是对行业所在市场的理解能力还是对数字化运用的能力，都需要通过快速的学习来提升。

最后，头狼企业的团队一定要有很强的构思能力，也就是说要有改变这个行业格局的愿景和企图心。灰狼群实际上是一个新的"物种"，它跟我们传统的做单个企业的模式是不一样的，头狼企业是在产业链上空从上帝视角去构建灰狼群生态，形成生态竞争力，而非自己头狼企业的竞争力。我们去做一个新"物种"的时候，一定会碰到很多挫折。就像我们原来骑自行车骑得很好，现在突然要去开飞机，那至少要学习一下如何开飞机，同时在训练的过程中也难免会犯错、受伤。在这个过程中，无论是创始人还是高管团队，都要有坚定的走到底的信心，否则这个事情可能就做不成。

汤明磊：头狼企业可能需要驾驭一整个狼群，它需要的是更大的格局。您觉得加入灰狼群的企业需要具备什么样的特征呢？或者说头狼企业会先团结哪些企业呢？灰狼群一旦形成，它的价值在哪里呢？

赵今巍： 头狼企业怎么去跟其他企业进行匹配，找到它们，然后一起合作？我们可以从两个维度来讲：产业链的价值分工和单个企业的数字能力。

随着产业链在数字时代的价值分工发生巨大的变化，在一个产能过剩的产业链市场中最有价值的首先是用户，其次是围绕着用户进行深度服务的零售商和服务商，最后是收集碎片化订单的生产厂商。因此，从产业链的价值分工维度来讲，头狼企业重点团队的角色应该是零售商、服务商和生产厂商。每一个角色里面又有不同的企业类型。比如，同样是生产服装的厂商，有大的厂商也有小的厂商，按照地理划分为南方的厂商和北方的厂商，甚至还有可能是不同的品类厂商比如童装厂商、高品质女性服装厂商、中低品质女性服装厂商，你怎么选择呢？你要从未来看现在，构建生态的角度，选择一个有竞争力的企业类型去合作。这个现在就是数字经济时代企业角色的变化，而不是工业时代的企业角色。此外，从单个企业的数字能力来讲，你要选择有冲劲、有想法，也有能力、有意愿掌握数字化工具，并且愿意跟你抱团，你们的理念一致、价值观一致，而且能力相对匹配的企业。

数字经济时代，线上线下市场的不确定性、数字营销手段的不确定性、经济环境的不确定性、技术的不确定性，使得绝大多数企业单打独斗很难活得长久。数字经济时代跟工业经济时代相比，无论是技术的厚度还是市场的厚度都发生了翻天覆地的变化。这两个厚度的增加导致单个企业很难一个人、一家企业去应对不确定性的挑战，所以一定要抱团。在这种情况下，头狼企业有义务也有责任把产业链和市场里的企业，"狐狸企业"也好，"老虎企业"也好，都团结到自己身边，形成一致的价值观和理念之后，再从中挑选出合适的企业并将其拉拢到灰狼群里。

汤明磊：很多做企业的人，能够踏踏实实地把一件事做好，但是很难有宏观的格局和俯瞰型的视野去扫描一个产业。而对于想要做产业互联网平台或者数字化平台的人来说，必须具备扫描产业、解剖产业的能力。您在《灰狼群效应》这本书里对这个问题也做了深入的探讨，您能否再简单地讲解一下您的观点，帮助一个完全不懂怎么扫描产业、解剖产业的人快速理解。

赵今巍：对于这个问题，我总结了以下几个维度。一个产业链市场中有三个要素在支撑，商品（或者是产品）、用户、产业链中其他企业的价值分工。

第一个是从产品维度去了解产业链。产品维度首先关心的是产业的特性，一方面是产品的出厂成本和用户交付成本之间的利润差异有多大，通过这一点可以快速地去判断中间的产业链、供应链的效率是否有比较大的空间；另一方面是产品的市场价格波动幅度有多大，通过这一点可以判断产品的市场是供大于求还是供不应求。其次是产品的流转路径，包括渠道体系有多少厂家、每个厂家大概是什么情况、总代理商有多少、大概有多少个 sku 不同的品类，等等，可以快速了解产品流转的路径；最后一个是产品自身的 BOM 结构，去了解产品形成的成本体系和优化空间。

第二个维度是企业角色。我们在前面已经讲过，围绕着用户的零售商在数字时代很有价值。我们要了解零售商的体量规模、分布情况以及痛点等。如果要从反向供应链，从需求到供给来反向撬动，对于零售商的关注会更多；当然还需要了解厂商的上述情况，从而从上帝视角去选择合适类型的企业角色去团结成灰狼群。

另外一个是用户，包括用户类型、分布情况等，这些信息决定了这个市场的规模和用户的分布，最终决定你的灰狼群生态围绕哪类用户去构建。这个灰狼群生态处于多大市场规模体系中，你要改变多大的市场。从用户到零售商，深入到企业角色的经营状态、分布状态都要了解，这样就可以快速地判断这个市场是不是值得干。

对这些维度要分别进行解剖，对于我们需要了解的信息要一一对应，全部梳理出来，尽可能用数据量化表达。比如产品的特性和产品的流转路径，我们可能已经掌握了一些经验和概念，但这是远远不够的，我们只有进行更深入的了解，通过数据量化表达，才能为决策提供参考。再比如零售商里面谁跟用户有最强的黏性，从数据层面梳理出它们的地理分布图，从经营现状层面则要围绕采购和销售的行为分析、痛点分析以及从企业的盈利能力、产品能力、用户管理能力等方面进行全面梳理，形成一套完整的图谱体系。这个图谱体系可能有几千几万个数据，我们把它拿到手上，才算真正完成了产业解剖工作。

实际上在数字时代，无论是产业互联网还是单个企业，不管是不是做灰狼群生态也不管未来是不是要成为头狼企业，都要做产业链图谱。因为梳理图谱的过程就是通过对产业的全面解剖来明确自己企业的方向。

汤明磊：任何一个创业者、任何一个企业家如果真要做头狼企业，我觉得梳理产业图谱可能是一个规定动作。图谱梳理完成之后，接下来可能就要去找切入点、找团结的对象，等等，这又是一个复杂的战术层面的问题。在这个问题上，您在《灰狼群效应》这本书里总结了一个概念叫"一剩二碎三自由"。请您简单解释一下这三个市场的特征。

赵今巍：我的确在书里面提到了"一剩二碎三自由"。

"一剩"强调的是产能过剩，就是生产端的能力很强或者它的产能很大，而需求端实际上相对比较小，导致产能过剩的情况，这样才有机会出现灰狼群生态。为什么会这么说呢？我们回到需要凭票购物的计划经济时代，那时物质极度缺乏，产能根本就供应不了需求，生产厂商根本就不需要所谓的数字化能力。只有在产能过剩的情况下，生产厂商作为产品的源头才需要主动迈向市场，从"坐商"开始走向"行商"。在这个过程中，很多生产厂商可能只是偏居一个地方的企业，很难靠自己触达全国甚至全球的用户，所以它就需要去找相应的代理商。从生产厂商出发到一级代理商，再到二级代理商、三级代理商，最终形成了一个金字塔的供应链结构。灰狼群就是把这个金字塔结构变成一个蝴蝶结的产业组织结构，大量的零售角色通过头狼企业，反向集采订单到众多的生产企业手上，形成蝴蝶结灰狼群结构。简单地说就是抓住需求端再反向撬动供给端，所以产能过剩是大前提。

"二碎"强调的是碎片化市场。传统的碎片化市场主要表现在用户碎片化；实际上在数字时代，还有另一层含义是零售商碎片化、供应商（主要是生产商）碎片化。

我们举个特殊例子。传统煤炭市场的用户并不完全碎片化，主要以电厂为主。上游的生产厂商是煤矿，也不是完全碎片化，但其终端的零售商是碎片化。同时围绕上游煤矿的还有一群较为特殊的服务商，也就是所谓的坑口商，它们和煤矿企业之间有很强的客情关系，它们也是碎片化的，零售商和坑口商之间有着较多的流通角色。在这样的市场里，也有可能会出现灰狼群生态，出现头狼企业。

"三自由"强调的是交易市场的自由。从用户到零售商之间是一个零售市场，从零售商到生产厂商之间是一个流通批发市场。零售市场和流通批发市场组合形成的是一个产业链市场。从本质上而言，在产业链市场里，交易都是没有限制或者没有约束条件的。不自由的交易市场是难以形成灰狼群生态的，也不存在产业互联网的灰狼群生态。比如在药品进入医院的产业链市场中，就存在着国家招标形态，所以这是非自由交易形态，在这样的产业链市场中就没有产生灰狼群生态的可能性。

我认为在"一剩二碎三自由"的产业链市场中，才有可能出现灰狼群生态，才有产业互联网灰狼群生态及头狼企业出现的机会。

" 赵今巍寄语 "

在产业数字化的浪潮里，数字化技术只是工具。构建灰狼群生态，打造头狼企业，最重要的一步是梳理产业图谱，确定产业数字化生态（而非头狼企业自身数字化）方向，再来确定头狼企业构建生态的路径和手段，下一步才会考虑头狼企业如何利用数字化工具来支撑这个生态形成。

对话程浩：to B 依然是下一个 10 年的黄金战场

产业互联网曾经被认为是一个非常大的风口，但是仅仅两三年时间，这个赛道的热度就降下来了，2022 年甚至被很多人看成是产业互联网的低点年。很多知名的 to B 投资机构、投资人开始把目光转向其他领域，但是也有人认为 to B 依然是下一个 10 年的黄金战场。

汤明磊：很多人认为产业互联网进入了一个低点，您怎么看这个问题？

程　浩：从市场的角度来说，任何赛道的上涨或回调都属于正常。整体来讲，我觉得 2022 年的 to B 市场是大趋势中间的小趋势，大趋势我还是看好，小趋势因为过去涨得比较多，现在往回撤一点也很正常。就像互联网行业，1998 年、1999 年和 2000 年的热度非常高，2001 年、2002 年和 2003 年有所下降，2004 年热度又起来了，2008 年因为金融危机又进入了一个低点……现在从全球市场来看占据前排的主要还是互联网巨头，所以我觉得 to B 市场的这种波浪式发展趋势很正常。

汤明磊：SaaS 在中国有项目制、订阅制和业务税制三种模式，您更偏向投资哪一种模式？

程　浩：你提到的这三种模式肯定各有利弊。

第一种项目制，最大的好处就是金额大，一般都是大客户。当你要做腰部客户的时候，就可以拿大客户做案例，对品牌还是有一定帮助的。它的缺点也很明显，就是毛利低。看起来一个项目的金额高，但是需要投入大量的人力，而且是一次性交易，所以毛利反而低。

我觉得做项目有两个含义。第一个含义就是 SaaS 公司前两个客户基本上都是项目制。因为你只有先做项目，才能够共创，才能够提取共同的需求形成产品，形成版本化，所以大部分 SaaS 的前两个肯定是定制的，多多少少都是有定制的，然后通过对客户的不断了解，才能抽取这种公共需求。第二个含义就是 SaaS 公司本身不以项目制为主，但是为了提升品牌影响力，在服务特定客户的过程中也会采用项目制。

第二种订阅制，好处就是毛利率高，通常可以达到 80% 以上，而且收益是可持续的。SaaS 整体可以分为两类，一类叫通用 SaaS，另一类叫垂直 SaaS。通用 SaaS 很简单，就是 CRM、ERP 等行业都需要通用 SaaS。这种通常都是采用订阅制。垂直 SaaS，有些公司的商业模式是 SaaS，有些公司的商业模式是交易平台，所以垂直 SaaS 的一部分是订阅制，一部分是项目制。

第三种业务税制，也可以叫平台型。这种模式更像一个交易市场，SaaS 是它的获客手段，通常只有垂直 SaaS，通用 SaaS 基本没有这种收入。这种 SaaS 可能本身比较便宜。我们有一个公司就是做汽配行业 SaaS，它主要做汽车行业 ERP，但老实说它的 ERP 卖得挺便宜的，大家在采购它的时候没有什么经济压力。所以 SaaS 成了它的获客工具，它赚的钱其实主要不是来自 SaaS，而是由 SaaS 带来的相关交易。这种交易市场通常都非常大，比 SaaS 本身的想象空间要更大。

简单地讲，除了项目制之外，无论是订阅制模式，还是业务税制模式或者叫交易市场型模式，我们都比较看好。

汤明磊：我们看到中国的 SaaS 有一些不一样的变化，有的开始在带货，有的开始做服务，还有的 B to B 公司在上游去外联工厂……似乎大家都想做成一个产业赋能平台。我们观察到通用 SaaS 已经有很多做到了上市，而垂直 SaaS 大部分还在煎熬，所以有一些也被逼着做了转型。我们也观察到它们转型的方向，是从产业信息运营商到产业服务运营商，再到产业交易运营商。简单来说就是从一个垂直赛道的纯 SaaS 到 SaaS 加 X，这个 X 是指服务，比如物流服务、供应链金融服务、营销服务、设计服务，等等。也就是您在前面提到的，用 SaaS 去切入交易。从投资角度来说，也有三种不同的估值模型，市销率（PS）、市盈率（PE）、市净率（PB），您如何评价这三种模型？对于垂直 SaaS 转型的一些机会或者挑战您更看好哪一种？

程　浩：我们投资 SaaS 通常是看市销率，不看市盈率，因为很多 SaaS 是不赢利的，却是高增长的。市销率的多少取决于很多因素，比如毛利率水平怎么样、增长率怎么样、二级市场最近的行情怎么样等，这些其实都是相关的。

为什么中国有这么多"SaaS+"？其实一个本质的原因是中国企业只做一条产品线可能会吃不饱。你必须围绕自己的核心产品在上下游延展，要么往上下游扩张，把产品线扩展为产品矩阵；要么就得往服务、交易平台方向转型。

这点其实跟互联网很像，跟 to C 业务很像，都是先引流然后再看看通过其他什么东西来赚钱。通用互联网是往产品矩阵上建设，因为它的行业属性很弱，做不了服务，所以只能往其他的通用模块开发。产业互联网的行业属性比较强，所以通常都是往服务、交易、上下游等方向延展。但是通用互联网的机会没有那么多，你能想到的别人可能都做过了，基本上已经是红海了。产业互联网或者叫"SaaS+"的机会可能还稍微多一点，因为行业多，每个行业都能催生一个或几个头部公司，所以我觉得产业互联网的机会，可能是投资机会、创业机会相对比较多一点。

汤明磊：您对于 to B 未来的投资机会或者创业机会有什么建议？

程　浩：我觉得利用中国的工程师红利做全球的企业市场是个不错的机会。中国的 to B 市场在整个全球的占比实在是太小了，所以衍生出来的是要出海，要做全球化。中国有工程师红利，看看有没有机会做全球化的市场。我知道深圳有一家公司做的就是全球化的市场，它们做的是一个非常垂直的赛道，做得特别好。当然不是每一个行业或者每一个人都有这样的基因能做，但是如果你有机会的话，我觉得可以考虑出海。当然，由于西方市场和中国市场有很大的不同，包括生态、隐私等方面，都是中国产业互联网出海要考虑的问题。

汤明磊：我觉得出海其实有两种玩法。第一种就是您刚刚说到的利用工程师红利去做海外的企业服务赛道和市场，第二种就是我们看到的产业集群的红利。

我们其实也看到了 to B 市场的一些坑，我把它们总结为三个坑。第一个坑是用内部的企业数字化思维做外部的产业数字化，第二个坑是用西方的企业服务思维做中国的产业服务，第三个坑是用消费互联网的思维做产业互联网。您在 to B 的投资过程中，有没有碰到过企业有这三类情况的，您有什么建议呢？

程　浩：我觉得你总结得特别好。以 to C 消费互联网的思维做产业互联网来说，这个非常普遍。因为很多产业互联网的创业者就是从消费互联网转过来的，他会自然而然地把以前的一些打法直接拿过来。当然有一些肯定是值得借鉴的，但还是有很多不一样的地方。最典型的就是 to C 通常都是靠免费获客，这在产业互联网是行不通的。以汽车配件行业为例，它可能会把 ERP 卖得很便宜，以此获客，但是不能免费。如果免费了，客户可能会担心你的公司哪天倒闭了，我的公司有那么多信息都在你那儿怎么办或者说你会不会把我的信息都卖掉来还钱。所以产业互联网反而不能免费，越免费客户越不敢用。而且其消费对象的差异也非常大，比如 to C 的使用者和决策者都是同一个人，而 to B 的使用者和决策者不是同一个人。

当然，to C 和 to B 的共性也有很多，它们本质上都是数据驱动，都是要做强运营。比如客户怎么来的、转化一个客户的成本是多少、客户使用时长怎么样、10 个功能客户用了几个功能、客户每个月的活跃度怎样、客户的留存率怎么样、客户如果不用了应该怎么召回，等等，to B 在这些方面和 to C 都比较像。 to C 互联网人转型做 to B 互联网在运营方面其实有很多值得借鉴的，但是与在做产品方面确实有很大的区别。

汤明磊：2021 年国内 SaaS 圈里出现了这样几个年度热词，就是 PLG（Product Led Growth，产品驱动增长）、SLG（Sales-lead Growth，销售驱动增长）和 MLG（Market-lead Growth 即营销驱动增长）。有人说，PLG 可能更像是通用型的赛道，SLG 很多时候是垂直型的赛道。对此您怎么看？

程 浩：中国已经有一些 PLG 的产品了，我知道的有给设计师用的产品、给电商对接物流的产品、给程序员协助的产品等。PLG 跟 to C 互联网其实挺像的，只做中国市场有点可惜。相对于 SLG 来讲，PLG 更容易全球化。因为 PLG 不需要做售前，用户自主注册账号就可以了，早期启动的时候不太需要本土化的销售团队。从这个意义上来讲，PLG 天生更适合做全球化。当然，PLG 做全球化有优势，也有弊端。其最大的弊端就是在海外往往有一些很成熟的做得很优秀的对手，这些肯定是非常强大的竞争对手。但是我觉得中国的 PLG 还是有自己的一些优势，例如像中国的工程师红利，还有中国人往往更勤奋、更努力。在海外可能一个月迭代一个版本，而在中国可能一周就迭代一个版本。如果你在中国做 PLG，那么我强烈建议你考虑出海。

汤明磊：我们也关注到销售在中国的产业互联网的力量。如果说消费互联网的创始人一定是首席产品经理，那么产业互联网的创始人其实大多数都是首席销售经理。

但是销售的形式是什么？我们发现有两种截然不同的销

售形式，至少我在看到这些企业的过程当中，总结出两种方式。一种是被美国奉为"硅谷蓝图"的蝴蝶结漏斗式销售模型（图 4-1）；另一种是更有中国特色的通过地推、会销（会议销售）进行强转化之后再通过城市合伙人等机制快速进行推广。您如何看待这两种风格迥异的销售体系？

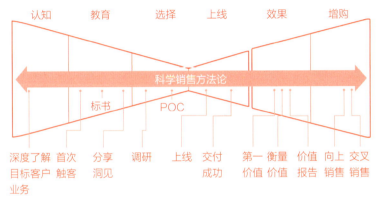

图 4-1 蝴蝶结漏斗式销售模型

程　浩：我觉得这两种销售方式主要跟业务属性有关系。不管是留资（留下个人资料，蝴蝶结漏斗中的重要策略），还是地推、会销，其实都属于销售线索的获得。那么，到底是应该打电话，还是应该上门拜访？我觉得应该取决于下面两个因素。

第一个是产品的客单价。客单价如果太低了，上门拜访的成本太高，显然不合适。如果客单价达到几十万元甚至几百万元，那就必须得上门拜访，甚至要拜访很多次。

第二个是产品实施的复杂程度。有些产品实施起来很简单，可能在线上就做了，甚至客户自己就可以完成操作。有些产品实施起来很复杂，必须要专业人员线下操作，那就必须要上门拜访。

当然，这也不是绝对的，关键还是看业务模式。举个例子，做零部件经销商的 ERP，产品客单价不高且实施起来比较简单，但因为汽车零部件的经销商基本上都在汽配城里头，非常集中，打电话还不如招几个人线下一一拜访来得直接。所以，到底采用什么样的销售方式，还是跟业务模式有很大的关系。

汤明磊：除了业务模式之外，我觉得也取决于使用产品的客户的画像。相对来说，一、二线城市的一些通用型 SaaS 或者通用型企业服务产品，更多的可以采用线上获客的方式。一旦进入到纵深下沉市场，进入到小门店、小经销商，可能就得用地推、会销等深度转化的方式。

我们经常会听到一些声音，比如看上去作为垂直行业的产业互联网平台，其实并没有为这个行业做出过什么贡献，或者说它的模式其实没有真正团结到这个行业的小 B，没有给这个行业创造任何价值。

有人说产业互联网的格局已定，没有太多的机会了；也有人说产业互联网还值得再做一遍，因为先行者并没有把它给做好。您比较认可哪种观点？

程　浩：首先我觉得垂直 SaaS 比通用 SaaS 的市场更大一

些，就是说创业者的机会更多一些。其次是从产业互联网的
进程来看，产业互联网的前提是一个行业的数字化，而每一
个行业的数字化的节奏是不一样的。有的行业数字化节奏较
快，产业互联网可能已经出了好多个了，这个行业你肯定就
没有机会了。有的行业可能最近刚开始数字化，那么你就有
可能还有一些机会。此外，还有很多行业属于新兴行业，比
如双碳（碳达峰与碳中和的简称）、新能源等，这方面的产业
化赋能才刚刚开始。

整体来讲，产业互联网的机会还有很多，但是得属于你
才行，我觉得这个更重要。对于产业互联网的 CEO 的背景，
我基本都要求有 10 年以上的行业经验、成功经历，当然有些
新兴行业本身可能还没有那么多年，那就另当别论。

汤明磊：很多产业互联网的创业者普遍存在这样的疑问，
第一个问题是我为什么找不到一个合适的 CEO？第二个问题
是我应该招什么样的 CEO？对于这两个问题，我们根据经验
总结了一句话，有互联网基因的产业老炮儿和有产业手感的
互联网操盘手。更具体来说，我们总结出来 4 类人。第一类
人叫空军，他是一个互联网运营的老炮儿，擅长互联网运营
的很多事。第二类人叫陆军，他是一个能力超级强的销售老
炮儿。第三类人叫海军，他是一个供应链老炮儿，因为无论
是做 B to B 还是做 SaaS，未来可能都要从供应链上去变现。
第四类人叫讲故事老炮儿，很多产业互联网人虽然特别善于
埋头苦干但不太善于开口说，一个好的创业者一定是既善于

做数据又善于讲故事。对于提到的这两个问题，您会给他们什么样的建议呢？

程　浩：我觉得你总结得特别好。提到招人这事，其实所有的行业都不容易。产业互联网为什么招人比较难？我觉得不是因为没有人才，而是因为隔行如隔山，不同的赛道把人给隔开了。

举个例子，一个在做汽配行业干了10年的产业老炮儿转型做产业互联网，他可能完全不认识消费互联网的人，因为行业把大家隔开了，但是优秀的工程师都在消费互联网公司里面。这就要求CEO必须有跨界意识，即使过去一直在传统行业，但是也得想办法去多认识一些互联网人。一方面通过和他们的接触培养自己的互联网思维，另一方面在需要的时候可以把他们变成合作伙伴。也就是说，功夫在平时，你要尽可能打开社交圈子，和更多领域的人产生关联。

另外，认知也很重要。提升认知我觉得有两个办法。第一个办法就是看书，好处是系统性强，不足之处是书上的东西基本上会滞后至少半年，甚至有可能是几年。第二个办法就是跟高手学习，跟技术专家、行业老炮儿多多沟通学习。当然，这些高手并不容易找到，即使找到了人家可能也不愿意跟你沟通，这个时候我建议要善用猎头，就是通过猎头找到他们，然后再和他们进行深度沟通。

总结来说，我觉得产业互联网一定是行业老炮儿再加上一个技术专家，这样的组合才相对靠谱。

汤明磊：近几年的融资环境越来越恶劣，您有没有什么融资建议给产业互联网的创业者？

程　浩：老实说，我不鼓励大家现在出来创业。即使你有很好的行业背景，有很强大的实力，但是你对创业的难度估计是不足的。资本市场好的时候只要有足够的融资，哪怕你犯了几个错误也许都能撑过去。资本市场差的时候融资很难，你一点儿错误都不犯也不一定能撑过去。当然，寒冬也有寒冬的好处。首先就是竞争者少，招人也容易，而且你会更关注低成本、快速试错，所以如果你准备好了，寒冬也不是坏事。

从融资的角度来讲，天使轮阶段我强烈建议你考虑自己垫一些钱，或者找亲朋好友凑一些钱。其实在美国硅谷，所谓的天使轮都是个人凑钱，投资机构都是从 A 轮开始投资的。当资本市场没有那么多投资的时候，我建议创业者采取这种融资模式先生存下来。

另外，融资方式也要转变。以前可能做一个 PPT 演讲就可以拿到融资，现在却要给一个 DEMO（demonstration，试用）；以前给一个 DEMO 就能拿到融资，现在可能得给个原型出来；以前有产品就能拿到融资，现在可能还要有客户数据……如果是早期创业，我建议你做完 MVP 之后再去融资，否则我担心你会耽误时间。

从商业本身的角度来讲，我建议你做的事情离钱近一点儿。如果你融过资，就控制好现金流（18~24 个月相对安全的现金流），尽早做到收支平衡，或者至少做到现金流平衡。谁也不知道资本寒冬会持续多长时间，做生意不能过度依赖融资，更不能依赖持续融资。

66 程浩寄语 99

什么叫战略？战略就是取舍。没有取舍就没有聚焦。凡是一句话讲不清楚的商业模式都是本质上没有想清楚。

第五章

创业者的深思：汤明磊对话 to B 创始人系列

对话肖利华：跨进产业互联网 4.0 时代

产业互联网迎来了它的"天时、地利、人和"。为什么这么说？

在"天时"层面，数字经济推动整体的环境从增量时代转向存量时代。增量时代大家关注的是怎么把规模做大，怎么快速地赚到更多的钱。但是存量时代钱没有那么好赚了，大家不得不把关注点从规模回归到效率，回归到经营的层面。

在"地利"层面，我们在过去的 10~20 年的时间里面一直在研究怎么提高企业的效率，就像拧毛巾一样，怎么不断地去挤干水分。但是在互联网技术的带动下，每个企业的效率都非常高了，每一条小毛巾的水分都被挤得很干了。这个时候，我们从一个大的产业的逻辑去看，在产业这条大的麻绳之上都是水分，于是大家开始研究怎么让产业的效率提高，从而赚到更多的钱。这是地利的一个方面，还有一个方面是平台模型也在发生变化。 to C 互联网强调的是中心化的超级入口，而 to B 的数字化是接口之战，尤其是连接 B 端和 F 端之间的数字化接口，这也是带给产业互联网创业者的一个地利。

在"人和"层面，同样也有两个方面。第一个方面是工程师人才红利，互联网行业在过去的 15~20 年的时间里向整个社会输送了大量的 IT 工程师、算法工程师等。这些工程师在消费互联网的人口红利见顶的时候，会大量涌进产业互联网赛道，给产业互联网带来人才红利。第二个方面是创始人红利，B 端的数字化不单单需要一个天才的产品经理，还需要一个真正搬过砖、算过账、搞过库存和压货、搞过应收应付、搞过金融、搞过物流、搞过供应链的这样的产业老炮儿。而中国在过去 20 年的时间里面，有大量奋斗在一线的有互联网思维的产业老炮儿，他们将给产业互联网带来创始人红利。

汤明磊：最简单的数字化是企业的数字化，我把它叫作点的数字化。之后，就是企业上下游的数字化，我把它叫作链的数字化。再之后，就是产业集群（带）的数字化，我把它叫作面的数字化。中国有几千个大大小小的产业集群（带），有的以村为单位，有的以镇、县为单位，形成了"一县一品、一乡一品、一镇一品"这样的产业集群（带）。每一个产业集群（带）里面都有很复杂的交互规则，也都有非常成熟的大、中、小企业的集合体，所以，这些产业集群（带）的转型变得非常难。面对这样的一个困境，您觉得产业互联网的理念、产业互联网的模式能够为产业集群（带）的转型带来哪些机会？

肖利华：我们在全国走访了很多的产业带、产业集群，但是到目前为止，在我心目中真正比较理想、比较成功的转型还没有出现。这些产业集群（带）的数字化转型大多都只是在线化，最简单的就是花钱建一个网站，也没什么流量，对企业、对品牌没有任何帮助。我认为，产业集群（带）的转型要从企业的信息化到上、下游联通，从点到线、面再到局、势。当我们站在局、势的层面看转型，看得会特别透彻，就不会那么纠结。

我一直强调，要跳出企业看企业、跳出行业看行业、跳出产业看产业。中国的产业集群（带）里面绝大部分是中小微企业，这些企业面临着创新要素不足、人才比较匮乏、品牌意识比较薄弱、服务配套不足等各种问题。

从消费端来看，消费者面临三个问题，品质与个性化的需求得不到满足、便利与时效性的需求得不到满足、高频与深度参与的需求得不到满足。从渠道端看，商家面临"三高"的问题，即高库存、高脱销、高退货。这些问题倒推到产业链就要求增强企业上下游协同。首先，我们要把产业链的深度协同做起来。其次，我们要按照真实数据、真实意愿来生产真正适销对路的产品，而不是拼命加班加点地制造库存。最后，我们要加强共享数字技术和人才的投入，这种投入靠单一的中小微企业其实不太可能实现，需要产业集群（带）的当地政府、产业协会等一起投入，构建产业共享平台。

在这个过程中，中小微企业要想稍微活得好一点，我认为有三个出路：第一个出路是接入龙头企业成为供应链的一分子；第二个出路是接入通用的消费互联网平台，比如淘宝、天猫、京东、抖音、快手，以及跨境电商等；第三个出路是接入比较强的产业集群（带）构建的区域性的或者行业级的产业互联网平台。

所以，我认为产业集群（带）的数字化转型有巨大的机会最终实现消费互联网跟产业互联网双轮驱动。

汤明磊： 您刚刚提到了协同，这点其实我深有同感。我经常讲一句话，就是要让需求端的市场经济变成需求端的半计划经济，让供给端的计划经济变成供给端的半市场经济。简单地说，就是两端都往后退一步，做需求定制的可以采取众筹、预售等半计划经济方式；做供给研发的要反向接入供应链，反向做研发和思考，采取半市场经济方式。那么，产业互联网平台就是要连接两端，尽可能增强两端的协同，弥合鸿沟。

肖利华： 总结为一句话就是，需求牵引供给，供给创造需求。我认为95%以上的企业都应该是需求牵引供给，不要生产不适路的产品。只有少量领先企业才可以引领需求，它们不断研发新品、新的材料、新的工艺、新的款式，通过供给端创造需求。大部分企业要追随时尚，这时候需要我们通过大数据来做一些事情。

大家一般理解消费互联网就是让所有企业直接接触到消

费者，而产业互联网是通过赋能企业最后触达消费者。您觉得产业互联网到底给谁赋能？赋什么能？怎么去赋能？

汤明磊：我觉得谁真的需要被赋能，我们就应该去赋能它。它可能缺失了某方面的能力或资源，但是对于一个产业互联网平台来说，它还是有商业的价值和效应的。在赋能的过程中，我们一定不是对所有的差生都支持，而是让一部分差生优先好起来。我们要优先团结有意愿改变、有能力创新并且愿意追随我们的一批小 B。

真正的赋能不需要太专业，一定要深入到田间地头，让所有的小 B 都听得懂。简单地说就是，要么你能帮我挣钱，要么你能帮我省钱。挣钱有两个逻辑：第一个逻辑是让企业在同样的老客户身上挣到更多的钱，这就是供应链；第二个逻辑就是让企业拥有更多的客户，这就是流量。省钱有两个维度：第一个维度是共享；第二个维度是替代。这些都是产业互联网平台给企业赋能的一些路径。

以挣钱赋能为例。供应链赋能有两种方式，一种是提供毛利率更高的新品，另一种是提供比市场价格更低的通品。流量赋能也有两种方式，一种是帮助企业更高效地激活存量，另一种是帮助企业更低成本获取增量。这都是帮助企业挣钱的实实在在的服务。

肖利华：我再加一个智能赋能。您刚才提到省钱赋能有一个维度是替代，大家常规认知力可能是通过 AI 替代，智能赋能不只是 AI，还有 BI（Business Intelligence，商业智能）、

DI（Data Intelligence，数据智能）、MI（Mind Intelligence，心智智能）。

汤明磊：刚刚您说的我也特别认同。我还想分享一下 S to B to C 模型。S to B 其实是曾鸣教授提的一个很重要的概念，即"Supply chain to B"。有一些投资人认为 S 可能更符合阿里巴巴的模型。这个模型我觉得没有固定的顺序，就是在整个路径当中有 S 端、C 端、B 端、F 端，可以是 S to B to C，也可以是 B to S to F，其实都是一个逻辑。

我觉得要做好一个所谓的 S，一个产业互联网平台，就要做好 5 个 S。

第一个 S 是 security，即安全感。很多企业产品还是蛮好的，但是一开始也学消费互联网搞补贴，有的 SaaS 平台先让大家免费用，结果大家反而不愿意上线。为什么会出现这种情况？最根本的原因是它忽略了小 B 的安全感。小 B 觉得自己上线之后，企业的所有数据、客户信息都在平台的监控之下，又不需要付钱，甚至还有补贴，那平台会不会出卖信息？这会让小 B 特别没有安全感。所以我觉得做产业互联网平台首先不是赋能的问题，而是能不能让小 B 真真切切地感觉到自己是安全的，自己的客户是安全的并且还在自己的手里。做到这一点我觉得特别难，所以 5 个 S 中最核心的就是安全感。

第二个 S 是 success，即成功。产业互联网平台要有利他之心，要帮助小 B 成功。这是团结小 B 的前提。

第三个 S 是 software（软件）或者 SaaS，即数字化。小 B 一定不太愿意为数字化买单，所以数字化一定不是理由，也一定不是过程，但数字化是结果，是彼岸。

怎么实现数字化，到达彼岸？这就需要另外两个 S，service 跟 supply chain，即服务和供应链。这个服务一定是有效果的服务，供应链是有竞争力的供应链。你可以有一部分苦劳，但不能都是苦劳，小 B 不会为苦劳买单。你最好是既有功劳也有苦劳，让小 B 能感觉到你很辛苦真的是在帮助他，赋能的效果是可视化、可量化和革命性的，这才是有效的服务和有竞争力的供应链。

一般是从有效果的 service（服务）+SaaS 或 software（软件）切入，然后再用有竞争力的 supply chain（供应链）来变现，基于一颗利他 success（成功）的心，然后在保证小 B 的 security（安全感）的情况下，构建一个产业互联网平台。

肖利华：您对 S to B to C 模型做了重新定义跟诠释。我也和大家分享一下 C to B to C 的 n 次方模型。C 是消费者。第一个 C 我们可以理解为消费者洞察，就是运用互联网的方式、方法对真实消费者进行调研。B 即 business，基于消费者调研结果，B 端开展企划、设计、开发、采购、生产等一系列动作。但是 B 端的动作不是目的，最终还是要到达第二个 C，获得更多的消费者。n 是指通过数字化技术反复迭代。这跟传统的方式是不一样的，传统的方式是没有迭代的。

以服装为例，传统方式是从上市日期倒推，比如提前 18

个月做企划、提前 12 个月做设计、提前 6 个月做订货会、提前 3 个月入库……这中间没有迭代，也没有消费者参与。数字时代需要反复迭代、反复优化，所以 C to B to C 的 n 次方模型起点是消费者洞察，然后倒逼 B 端根据消费者需求做企划、设计、开发、生产，等等，最后再吸引、获得更多的消费者。在这个过程中，通过数据、算力、算法等进行滚动创新，有 n 次迭代，以此解决"高库存、高脱销、高退货"的问题。

所以我认为生意不是 B to C 的，也不是 C to B 的，未来的生意一定是 C to B to C 的 n 次方，未来的世界是靠数据、靠算力、靠算法驱动的一个世界。

汤明磊：产业互联网是一个高超的、综合的、复杂的操盘艺术，绝对不仅仅是产品的迭代和升级，它背后其实是组织的升级、运营的升级和业务的升级。无论是转型还是升级，难度都在协同，而协同难度最大的当属产业链的协同。您对于区域的产业链的协同有哪些思考？

肖利华：如果只是站在单一企业的角度谈创业，可能会经常出现一个情况，就是一缺九，比如我是一个设计师，我很有想法，但是我没有辅料、没有配套生产工厂、不会直播、不会跨境，怎么办？这个时候，如果有一个产业互联网平台把所有的要素都已经数字化、在线化、移动化，我就可以在平台上快速找到面料、辅料、工厂、卖家等。

区域的产业链的协同，我觉得首先是要把产业链从历险的状态快速数字化、在线化、移动化。以前在一个区域里面，大家沟通、合作可能是骑个摩托车去当面谈或者打个电话、发个微信进行沟通，但是这种信息连接是人对人、点对点，只有在场的人知道，其他人并不知道，只有把线下的这些活动、信息通过产业互联网平台实现数字化、在线化、移动化，实现快速链接，做动态的匹配，才能真正实现协同。同时，构建产业互联网平台要靠订单牵引，没有订单一切都是虚耗的成本。我强调要先把拥有订单的消费互联网接进来，无论是线下、线上还是跨境等，只要是拥有订单的都要接进来，以此牵引产业互联网，然后再把设计师、工厂、面料、辅料、卖家等要素接进来。

其次，区域的产业链的协同一定要尽可能做到配套齐全，即延链、补链、强链。单一企业要做好整个配套其实很难，而且工厂之间也存在忙闲不均的情况，所以无论是资源还是时间都需要产业链的协同，把大家连接起来。此外，需求端和供应端、供应端和生产端之间也是不通的。一方面生产端很多环节产能严重过剩；另一方面需求端很多需求无法满足，而供应端又存在好多断裂、堵点、卡点。这个时候就需要构建产业互联网平台，把产、供、销联通，实现更高质量的供需动态平衡。除了这些之外，产业互联网平台还要通过集采降低成本、仓储物流的匹配、产业链人才的培养等，各个环节的协同都要持续做好。

最后，通过产业互联网平台做好区域的产业链协同，我总结了两个"铁三角"：一个是"政府、企业和服务机构"，另一个是"产业、金融和技术"。

汤明磊：我特别认同您提到的产业链协同的很多难度。大家很多时候把协同想的简单了，其实并没有那么简单。举一个最简单的例子，快反供应链大家可能都会关注柔性，也就是能不能更快地做出反应，其实我们还应该关注韧性，也就是您刚才提到的动态的匹配，比如能不能快速地在大小单之间切换，这个其实比柔性更难做到。现在很多服装工厂其实是有柔性没韧性，集合一群小作坊做了一个云工厂模式，似乎做成了产业互联网，其实韧性不足以支撑中大型订单的快速反应和高效交付。我认为产业链的协同是下一个10年值得我们长期、深入探讨的话题，把协同网络做好远比在消费互联网行业做出一定规模要难得多。

肖利华：这个事情确实是一个复杂的系统工程。消费互联网拼的可能是规模，产业互联网拼得更多的可能是效率。您觉得消费互联网和产业互联网有哪些异和同？

汤明磊：从同来说，消费互联网和产业互联网都是互联网，所以都有一定程度的网络效应，那么网络运营的很多经验、技巧，也都有很多复用的场景。但是在我看来，消费互联网和产业互联网整体上存在比较大的区别，可能很多产业互联网还沿袭了一些消费互联网的理念和基因，我个人觉得未来的新一代的产业互联网可能跟消费互联网会有更加彻底的区别。

其中最大的区别我概括为两个点：一个是"中心化的入

口"，另一个是"分布式的接口"。过去我们定义平台一定是大家都到这儿来，所以过去的 10 多年时间里涌现了大量的公域平台。它们一定是中心化的，是一个数字场景的超级入口。但是随着人口红利见顶，"让大家都到这儿来"这件事变得越来越难。但是，如果出现一个平台说，我是为大家提供服务的，只要你有需要，我一定随叫随到，我这里有你需要的各种资源、技术、资金，只要你需要我随时给予支持，那么大家一定会主动接入这个平台，毕竟谁能保证自己一直没有任何需求呢，所以这个平台就是分布式的接口。

这就是中心化的思维跟分布式的思维的差别。如果你站在企业身前，你会发现很难近得了企业的身；如果你愿意贴在企业身后，你会发现很多企业其实很愿意接受和拥抱这样一个改变，无论是数字化的工具还是平台。

消费互联网的核心思维是"干掉"所有线下小 B 直达 C 端，追求的是规模。之前的很多产业互联网平台沿用了这种思维，想要"干掉"所有中间商，最后自己变成了最大的中间商。我认为这些产业互联网平台还有重新做一遍的机会。在我看来，产业互联网的核心思维应该是赋能线下小 B 连接 C 端。它考验的一定不是颠覆的能力，它考验的一定是团结的能力。不是"我要颠覆谁"，而是"我能团结谁"。这个"团结"就像我们在前面分享的，里面有功劳、有苦劳、有感情、有经营、有技术、有产品、有科技，讲究的是团结的艺术。

最后，连接的"物种"也会有区别，消费互联网连接的是人、货、场，产业互联网连接的是物（物料）、机（机器）、件（订单）。其实人、货、场跟物、机、件也是在不同场景下的区别。这是我从服务、投资的视角去看待消费互联网跟产业互联网的异同。同样的问题，我也反问给您，您对它们之间的异同如何看？

肖利华：我非常认同您的观点，从中心化入口到分布式接口。为什么产业互联网做中心化会比较难？因为传统产业的思维是"宁为鸡头不为凤尾"，大家都想做老大，谁也不服谁。老大对老二、老三的号召力不够，老二、老三也想"干掉"老大。传统产业的思维本质上是强调整合、管控，否则企业很难发展壮大，更不可能成为行业的老大，所以很多传统产业的龙头企业做产业互联网，大部分情况是把上下游连起来，再进行简单的信息化建设，极少有人能够跳出原有的框架，革自己的命，然后开放给所有的同行，真正做到利他、赋能。我觉得如果没有足够大的胸怀，不能跳出行业看行业，不能跳出企业看企业，那基本上就做不到。

其实在我心目中，消费互联网和产业互联网不要割裂来看，不要对立来看。因为从某种方面来讲消费互联网可以代表需求，产业互联网代表供给，需求牵引供给、供给创造需求，这个里面它其实不是割裂的，也不是对立的，而是相辅相成的。

生意的本质是买卖，有买有卖才是生意，供需匹配才叫生意。现在很多是供需错配，所以才产生高库存、高脱销、高退货的问题。真正的产业互联网要通过需求、供给的高效动态匹配，实现产销平衡，甚至实现以产促销。这也是我前面强调的要靠订单牵引，有了订单才能够团结大家。

汤明磊：我特别认同你的观点，消费互联网和产业互联网在实际运营过程中，可能更像是一个太极图，既有区别又连在一起。我觉得其中最大的差异各用一个词来概括，就是从自营到赋能。

消费互联网在中心化的思维之下，人家什么事都想自己干，自建体系，甚至为此上了很多培训课程学习怎么维持庞大的自建体系不断运转，所以本质上讲企业还是希望用自营的方式实现增长。大家在实践中慢慢发现，比自营更有效率的方式是连接和赋能。

举个例子，有一个夫妻俩经营的小店，你把它买过来变成自营，夫妻俩可能还留在店里经营，但是现在这个生意是你的了，他们只是给你打工，他们服务客户的热情、经营小店的用心程度都跟自己是老板时的情况不一样，你会发现边际成本不断增高，你可以通过各种方式降低摩擦，比如股权、期权、激励、考核等，但结果一定会是摩擦越来越高，边际成本也越来越高。但是，如果小店还是夫妻俩自己的，你只是连接、赋能，你会发现其中的成本是可控的，边际成本、管理成本都会比较低。这也是为什么自营模式的体量很难和连接、赋能模式的体量相比。

这种差异不在于背后的管理者，而在于基因。同样叫网络，B to C 形成的是规模网络，而 S to B to C 形成的是协同网络。规模网络还是一个简单的网络，协同网络相对会复杂一些。要建产业互联网平台，我们应该思考的是自己能不能从自营到赋能，不是仅仅把线下的数据搬到线上，而是真的开放给大家用，我们做到了开放大家又愿不愿意用……这些才是更值得关注的问题。

肖利华：未来的 10 年，产业互联网的大幕才刚刚拉开。在我看来，未来各行各业最早的机会就是产业集群、产业链集群，每个行业最终都有可能出现 2~3 个把大家连接起来的产业互联网平台。

汤明磊：从某种程度上来说，当消费互联网任雨打风吹去，产业互联网柳暗花明时，整体从一个增量时代进入了一个存量时代。在这个过程中，产业互联网自身也发生了很多变化，您怎么看待这些变化？

肖利华：我觉得产业互联网大概经历了 1.0 时代、2.0 时代、3.0 时代，现在刚刚开始进入 4.0 时代（图 5-1）。

产业互联网 1.0 时代就是资讯发布的平台，比如我需要什么布料、我有什么布料，等等。产业互联网 2.0 时代是交易撮合的平台。产业互联网 3.0 时代是在资讯发布、交易撮合的基础上，又加上供应链金融和物流。

产业互联网 4.0 时代才刚刚开始，是一个立体的多维度的链接平台。资讯发布除了实时的各种资讯，还包括过去的资

图 5-1 产业互联网的 4 个时代

讯、未来的资讯。交易撮合的是全网、全渠道的交易，包括全球、跨境的交易。物流是端到端的智能物流服务。供应链金融是把商流、物流、资金流和信息流全部打通，再用区块链进行重构。除了这些之外，还有很多要叠加进来。

第一个是以区块链和信用为核心的、政府和产业协会参与进来的顶层规划，包括各项政策和规范。

第二个是品牌孵化跟 IP 授权，没有品牌就没有议价空间，没有议价空间到最后都是价格战。只有用品牌和 IP 授权提升附加值，打价值战，这样才能有未来。

第三个是注重原创和设计开发的服务。这里面有一点很重要，就是知识产权保护，我们尊重原创、保护原创、抵制抄袭。

第四个是质量的检验检测服务。品质不行，一定带来高退货率。一旦退货率越来越高，成本就会越来越高，而收益却越来越低，所以一定要放眼长远，要可持续发展，加入第三方的检验监测机构。

第五个是有品质的快反供应链。很多地方已经构建了快反供应链，并且能力很强，但是如果品质太差，肯定走不远，所以一定是要有品质的快反供应链。

第六个是线上线下全渠道的全触点、全生命周期的数字化运营服务，包括精准招商、赛事活动，等等。三分靠技术，七分靠运营，如果没有这些产业互联网企业想要做好会很难。

第七个是人才服务。不管是工程师、设计师，还是直播带货的主播，都得重视。他们只是工种不同，重要性是一样的，一定要不断地系统性地培养人才，打造复合型团队。团结一切可以团结的力量，事情才能做得好做得久。

除了以上这些，可以说所有和产业互联网相关的要素，包括支撑的、环境的、政府的、协会的、IP 的等，全部都连接在一起，再通过网络协同、数据智能打造一个产业互联网平台，我觉得才是比较好的产业互联网 4.0 时代的规模。这样的产业互联网平台才有长久的生命力。

汤明磊：我们期待有更多的企业能够得到启发，能够更快速地进入产业互联网 4.0 时代。很多企业尽管已经完成了几轮融资，估值也涨得很高，但还是出现了一些误区，比如用消费互联网的思维做产业互联网，用西方的企业服务思维做中国的产业服务，用企业内部的数字化的思维来做外部的产业数字化。其中有很多企业其实都值得用产业互联网 4.0 时代的思维重新做一遍。

我建议大家可以从以下几个维度进行思考和实践。

第一个维度是从广度到深度。真正能跑出来的企业一定是从广度到深度都打通的企业。原来的产业互联网是全品类的商城模式，广度有了深度却不够。未来可以从单品类入手，把一条产业链的垂直纵深给打穿和打通。比如我们孵化和服务的一家水产 B to B 平台，7 年的时间都在做鱿鱼的生意，这家平台上的鱿鱼交易量占到中国鱿鱼交易量的一半还多，这样它整体的网络效应就有了。在这个交易量的基础之上，它把拍卖、协同、交易、运营等各个环节的数字化流程，全部都走通了。这个时候它再去做更多种类的鱼的生意，反而更有价值。从广度到深度，我觉得值得重新做一遍。

第二个维度是从正向到反向。原来的产业互联网平台是正向的，但是它们在整个产业链当中其实没有什么话语权。对于大的企业、大的供应商来说，它们不过是一个数字化的分销渠道，不过是一个所谓的电商平台，所以很多传统龙头企业的电商部门的负责人是没有什么话语权的。怎么样才能从正向的贸易商的数字化平台变成一个反向的产业互联网平台？我的建议是先有订单，反向再去撬动规模、撬动成本，撬动未来的利润和研发新的新品。从正向到反向，我觉得也值得重新做一遍。

第三个维度是从单环节到全场景。原来的产业互联网平台，要么是 SaaS 从管理切入，要么是 S to B 从供应链切入，要么是 B to B 从交易切入，要么是工业互联网从生产切入……基本都是先切入一点，所以有些平台做着做着就变成了工具，还有些平台做着做着就没有了留存。怎么才能真正地有留存？一定要双向奔赴，甚至是多向奔赴。交易型的产业互联网平台未来可能会拥有交付型的产业互联网的功能，交付型的产业互联网平台未来可能也拥有交易的属性，全场景才能留住企业。从单环节到全场景，我觉得也值得重新做一遍。

从这三个维度来说，我觉得值得很多行业的产业互联网平台重新做一遍。

汤明磊：产业互联网的未来的终局，您觉得将会是一个什么样的场景？

肖利华：在我看来，产业互联网绝对不是一朵浪花，而是一个时代的洪流，要以 10 年、20 年、30 年为周期去看这个事情。终局可能是数据、算力、算法驱动的消费互联网和产业互联网双轮驱动的一个时代。

单打独斗的时代一定会成为过去式，一定要开放、利他、赋能。各行各业都有大量的闲置资源、闲置资产，比如门店95% 以上的时间里导购都是闲置的，店铺、租金在某种程度上来说也是闲置的，仓库里的货品也是闲置的……企业凡有闲余皆可共享，这是我非常认同的。时间、空间、思想、劳动力，等等，各个板块的闲置都可以通过共享连接起来，产业共同体可以团结一切可以团结力量，只要是你能够想得到的都可以团结起来。

我觉得终局一定是建立部分集中的、部分分布式的、部分中心化的、互赢共生的、赋能性的整个产业共同体，通过区块链等科技力量实现消费的元宇宙、工业的元宇宙。

汤明磊： 谢谢您。其实我们两个人的分享和对话可以说是抛砖引玉，抛出来的是我们的思考，但是如果能引出和启发一些特别高质量的产业互联网平台，我们可以见证一些产业互联网平台的崛起，那就是最好的期待了。

❝ 肖利华寄语 ❞

任何时代基本上都有五类人。第一类，1% 不到的人因为相信所以看见；第二类，13% 的人看到前面有人干好了再跟上去；第三类，34% 的人看到有那么多人干好了再跟上去；第四类，36% 的人看到前面有三拨人干得好才考虑跟进，但是已经没有红利了；第五类，16% 的人即使看见也不相信。

对话江南春：to B 品牌营销心法

to B 的品牌营销脱离不了向 to C 品牌营销学习。

汤明磊： 我准备了六个矛盾，也是我个人的困惑。第一个是越来越细的定位和越来越快的消费者心智发展之间的矛盾。您之前说过中国消费行业的战争会经历三个阶段，从生产到渠道到心智，现在已经从生产、渠道的战争过渡到了心智的战争。如果品牌不走进消费者的心智，企业就很难取得应有的利润。但是在移动互联网的十几年的时间里面，很多品牌其实都在被"定位"主导着自己的品牌传播。在这个过程中，占领心智这件事情也在"内卷"。原来可能"一个品类就是一个品牌"，后来变成"一个功能就是一个品牌"，再后来又变成"一个场景就是一个品牌"，但是现在场景也被大家占完了。比如以前大家一提火锅可能就会想到"海底捞"，现在则是毛肚火锅、鹅肠火锅、鲜牛火锅、卤味火锅、鱼火锅、沙火锅、椰子鸡火锅、九宫格火锅、道家火锅等，定位越来越细。与此同时，"信息大爆炸"时代，消费者的记忆变得越来越短，很难记住这么多细分的场景、功能。您怎么看待这种矛盾？您觉得品牌如果要在这种矛盾中破局，关键点应该是什么？

江南春： 我觉得其实中国的市场足够大，所以细分化的品类没有什么问题。比如说毛肚火锅，做到头部一年也能营收十几亿元。毛肚火锅市场也许没有那么大，很难做成一个价值几百亿元的品牌，但是能做到几十亿元还是可以的。

处在产能过剩时代当中，我们肯定会面临一个问题，就是来晚了、大的赛道都被别人占了，那就要往细分赛道上去定位。中国是一个有 14 亿人口的市场，这个体量足以切出很多细分的赛道。即使是细分赛道也能做到 10 亿元、20 亿元、

30 亿元、50 亿元，关键是你能不能在这个赛道上占领用户心智，成为细分赛道上的第一名，成为领导品牌。如果能够做到这样，在任何一个细分赛道上都可以诞生出一个价值几十亿元的公司。

比如凉茶以前也是小品类、小赛道，但是现在都做成了大品类。谁会想到一个凉茶品牌能够价值 250 亿元？原来我们做市场调研，凉茶是什么？在大部分人的概念里，凉茶就是隔夜茶，但是"怕上火喝王老吉"就找到了消费者心智的开关，打开了一个非常大的市场。在这个市场当中，这个品牌打进消费者心智之后，很难再被抹掉。后来的品牌能够模仿凉茶，但是模仿不了消费者的心智，一说到凉茶消费者还是想起"怕上火喝王老吉"。

没有小市场，只有还没有做大的市场。"预防上火的饮料"就是一个特定的场景，熬夜、看球、加班、野外烧烤、吃火锅，等等，在这些上火的场景当中"怕上火喝王老吉"就成为首选。我认为这些首选在中国市场上依旧可以成为核心，问题是你能不能找到消费者心智的开关，打开这个开关，放大这个场景，最后在这个场景中形成条件反射般的基因。我觉得定位理论在中国市场上依旧有着很强的商业价值。

汤明磊： 如果主力战场或者说大战场已经被占完了，我们先占住一个局部战场也是可以的。我们通过局部战场慢慢地再找到关键场景，打开消费者心智的开关，再通过品牌传播去破圈，之后慢慢地可能就会做成一个大品类。

第二个矛盾是日益干瘪的钱包和日益膨胀的品位之间的矛盾。有人说，在未来的很长一段时间，中国的消费行业里面、商业战争里面可能降级消费会比消费降级趋势来得更加明显和猛烈。您觉得新消费真的会变成降级消费吗？新消费会呈现出哪些变化？在这个过程当中，无论是大品牌，还是新锐品牌，应该怎样去调整自己的品牌策略和传播策略，未来才能更好地拥抱这个时代？

江南春： 我觉得大家不要看潮流要看趋势。从趋势角度来说，中国的中产阶级经过努力打拼崛起之后，需要自我奖赏和自我补偿，希望成为更好的自己，其品位需求必然上涨。相较于短期的市场波动来说，未来 5 年、10 年中国中产阶级的崛起趋势不会发生改变。

我们改变不了世界，这个世界可能短期内就是会受到各种因素影响，可能会消费降级，也可能出现需求不足等。但是我们深信长期的趋势，中国这么多人有顽强的生命力、顽强的美好生活的愿望、顽强的奋斗意志，这些都没有改变，甚至比以前更强烈。这种趋势下隐藏着巨大的机会。

我感觉有两种品牌依旧可以成功。

第一种是头部品牌。短期、必要性的消费依旧存在，这个领域的头部品牌会越来越集中。当消费者缺乏安全感时，会把所有的资源投入到他们认为值得信任、安全感和确定性强的品牌中。头部品牌会获得更稳定的增长，市场份额会扩大，会清扫战场。

第二种是创新品牌。真正创新的品牌不用担心，因为它有独特的差异化价值。市场真正的危机是同质化危机。对流量无比依赖的品牌的同质化危机本来就存在，在产能过剩时代如果还靠流量维系生存，只要市场环境发生改变，它们就会首当其冲受到伤害。真正提供了差异化价值的品牌，既有必要的东西，也有想要的潮流。任何时候，消费者都需要抚慰心灵和情绪。比如，即使消费降级，奢侈品门店依然有人排队买限量款产品，因为他们需要自我标签、自我补偿，需要买一些东西来标志自己的生活。再比如，某意大利面品牌的广告片，先是孩子大喊"妈妈我饿、妈妈我饿了……"画面切换之后是妈妈说"妈妈好累……"最后就有"×× 意面随便做都好吃，只做妈妈不做饭"。它切中的就是职场妈妈又累又想照顾好孩子的情绪。任何一个场景之下，都可以找到人们的需求、心情触发点，而这就是品牌的差异化价值。

未来 5 年、10 年，我觉得头部品牌、有独特创新价值的品牌会奋力往前。如果既不是细分市场的头部品牌又没有差异化价值，你就要好好想一想：我的品牌在这个时代当中的竞争性切入点是什么？我的品牌存在的理由是什么？我们要把危机变成一场重新思考的机会，哪里有危机哪里就要重新思考。我认为创业者本身就是乐观主义者，悲观主义者本身就不太适合创业。

汤明磊：所有的创业者其实都应该从悲观当中去找乐观，从危机当中去找机会。您的分享让我们对这句话有了更深刻的感悟。

第三个矛盾是"大力出奇迹"和"精准借杠杆"之间的矛盾。这确实是品牌营销当中的一个两难的选择。"大力出奇迹"可能就是线上、线下，公域、私域，所有的营销渠道、营销方法都要用上，尽一切努力做流量。这也是很多新消费品牌起盘（品牌造势）的思路。与此相对应的是"精准借杠杆"，可能就是通过深耕消费人群、深耕消费场景、深耕一些渠道，通过精准借杠杆来精准运营流量。一开始品牌可能会发现精准流量很好，投入回报比特别高，但是精准流量又很难破圈，而且一旦破圈可能又变成"大力出奇迹"了。您怎么看待这个矛盾呢？您作为品牌专家，在这方面能给创业者什么样的建议？

江南春：实际上精准流量只有大概两三亿。无论是微博、微信、抖音，还是小红书精准种草、精准分发，如果真的能够抓住某些红利时期，就能够更快地从 0 做到两三亿，但是两三亿之后就会出现一个瓶颈，精准流量基本就这些了。

当你进入瓶颈前期的时候，说明你要破圈的时候到了。不要在起步阶段动则就去破圈，这个阶段最重要的是精准投放原点人群（也叫起点人群，指消费者群体中最易接受新品类、新品牌，具有适宜性、权威性、示范性的人群）。通过精准投放找到原点人群，通过和原点人群的不断互动，对产品进行优化迭代。在这个过程中，你的产品得到了一个验证，同时有一部分的原点人群已经成为品牌的铁杆粉丝，精准流量也进入了瓶颈，这个时候就要接另外一条线。战术上的勤奋带不来战略上的破圈，这个时候就要品牌破圈，所以，从两三亿到三四十亿基本上是品牌定位破圈，成为细分品类之王。这个时候就要"大力出奇迹了"。

到了三四十亿，又会进入另外一个瓶颈，就是消费瓶颈。这个时候就要进入第三个阶段，就是产品矩阵打造。比如，你做一款饮料品牌，通过前面两个阶段，消费者都知道这个品牌了，可能有 100 万个冰箱都在卖这款饮料，但是你很难再开发 100 万个冰箱，最重要的消费力可能就只有这么多，再有 100 万个冰箱也不可能再多卖产品。不过渠道是可以被复用的，你有 100 万个冰箱，你就可以在冰箱里卖很多产品，你可以切入一个系列的品牌。

渠道复用实际上是打开了很多全新的场景，开发了很多全新的需求。比如，"妙可蓝多"这个品牌，奶酪棒是一个切入点，但是消费场景是什么？怎么让它变成刚需高频的消费品？孩子 3:30 放学回到家，可能要等到 6:30 左右才能吃晚饭，营养补充来一根；孩子打完篮球回来，运动补充来一根；孩子和同学一起玩耍，快乐分享来一根。把产品切入消费的各个场景中，就会开发出新的需求。

综合来说，我认为不同的阶段要采用不同的方法。不要跳过这个阶段，起步阶段就要破圈，产品也没有叠加好，精准种草、流量分发都没有做好，就开始破圈，我认为不行。原点人群都没有，你就敢去破圈是行不通的。反过来说，你已经做到了两三亿，你还不考虑破圈，就是战术上过度勤奋，战略上没有突破的可能。我觉得这两个问题的关键是你在不同阶段应该选择不同的打法。

汤明磊：确实如您所说，第一是有红利的时候就要抓，能把红利利用好，能比别人更精准地把杠杆给借来，本身就是一种本事。抓住红利之后，我们才有机会"大力出奇迹"。创造"奇迹"之后，可能还有很多种新的方式帮我们建立第三曲线和第四曲线，帮我们从三四亿做到三四十亿、三四百亿。

第四个矛盾是长期品牌广告和短期效果广告之间的矛盾。这个可能是还没有那么足够多的资本出"大力"的很多创业者困惑的问题。您之前说过，凡是算不出 ROI 的广告就不该投。但是现在大家觉得能算出 ROI 的广告太难投，因为算出来了你就会被困在这个平台内，你算得再好也算不过平台。您怎么看待品和效之间、长和短之间的矛盾和关系？您会给大家什么样的建议？

江南春：我觉得品和效其实并不矛盾。我们可以把效果广告当作是一个渠道，其实电商平台的本质就是渠道，渠道的特点就是打折促销，所以效果广告的目标就是买它、低价买它，而品牌广告的目标则是爱它、更爱它。

品和效解决的是这个问题，就像一个硬币的两个面，缺一不可。如果消费者没有"爱它"，没有"指名买它"，只强调"低价买它"，结果就是价格不断往下降，流量不断往上涨，但是你却赚不到钱。消费者买得越多你赔得越多，买到最后你可能就躺在地板上了，连工厂利润都保不住。那么，是不是每天"爱它"，就不要短期效果广告了？品牌广告的最终目的还是要通过在重要节点的短期效果广告的促销活动提升销量。平时的"爱它"是把势能拉上来，然后在关键节点强调"低价买它"是把销量提升上来，这两者之间是一个彼此共振作用的关系。

所以这两种广告形式都需要，它们在本质上是空军跟陆军的关系。打一场战争，一定有空军、有陆军，空军的工作是炸开消费的形式，陆地是用更好的、更低的代价收割，最后抢占阵地。空军不上场，仅仅是陆军上场，陆军付出的代价就会非常大，陆军付出血的代价最后很大可能还占领不了阵地，即使占了一个阵地代价也实在太大，我认为不值得。

品、效听起来的确很难合一。品牌广告是一个长效机制，效果广告是个短效机制，所以品牌广告和效果广告很难合一，但是它们是能够被协同的。我们其实算出了一个有效的投放协同比例，就是 30% 投放品牌广告，70% 投放效果广告。假设你有 10 元的品牌营销费用，3 元用来投放品牌广告，7 元用来投放效果广告。品牌广告是长期投放，效果广告则是在大的节日促销时才投放。品牌广告平常可能看不到太大的效果，但是效果广告投放之后我们在后台会看到它的主动流量、主动搜索大概会上升 10%~30%。数据回流二次追投之后，它的转化率可能会上升 50%~60%。此外，这种广告投放方式可以撬动更多的资源，比如撬动了平台给品牌分发的流量，撬动了与主播更多、更深度的合作，撬动了价格。这种情况下，你是强品牌，你的促销是有底线的，你可以推出更多、更好的产品，拥有更强的议价能力。

为什么很多知名品牌虽然不经常做促销却非常赚钱？首先，它是强品牌，自带持续免费的流量。其次，它在关键节点投放的效果广告，点击率可能是其他品牌的三倍，因为它的认知度更高。再次，它撬动资源的能力更强，各个主播都愿意带它的货。最后，它的议价能力更强，不会受到竞争对手价格的影响。

终局决定布局，你要看明白其中的因果关系，品牌广告和效果广告的本质不是长期还是短期的问题，而是如何协同。没有强品牌，即使在红利时代赚到了钱，最后也会躺到地板上。

汤明磊：投放品牌广告其实是投资过程，投放效果广告投资的是结果。如何管理好品牌广告跟效果广告之间的协同性，其实就像您说的要明白其中的因果关系，管理因果、投资因果。

第五个矛盾是品牌和渠道之间的矛盾。您曾经说过，品牌跟渠道要双向奔赴，形成推拉合力，品牌的拉力是品牌对消费者的吸引力，渠道的推力是渠道对消费者的触达力。但是，品牌和渠道的实际情况不是双向奔赴，而是相爱相杀。渠道要自己做品牌，实现毛利率最大化；品牌则要自建渠道，把自己的命根子抓在自己手里。对于这种情况，您有什么建议？

江南春：我们会发觉，当品牌不够强的时候，渠道就觉得它的价值不大。比如会员俱乐部就是选择一些优秀的高品质的产品进行定制，让品牌方代加工，但是不需要品牌，因为品牌没有"指名购买"的价值。这就是一个客观的生存事实。

从品牌方来说，我觉得需要具备三点：第一品牌的知名度要足够高，第二品牌的差异化价值要足够高，第三品牌能够给渠道导流。这是品牌和渠道双向奔赴的一个基础。

所有渠道，经销商也好，渠道终端也好，都喜欢和知名度高、名气大的品牌合作，囤货也不怕，因为他知道总会卖得掉。品牌的差异化足够高就意味着消费者有更强的"指名购买"意愿，这个时候渠道的利润是有保障的。同时，强品牌还能够给渠道导流。分众传媒有很多广告是跟渠道合作的，投放的可能是品牌广告但落款是渠道，比如同样一个奶粉品牌的广告，在江苏落款可能是孩子王，在北京的落款可能是永辉超市。如果一个品牌的产品很好卖、能够带来高利润、还能够帮助导流，请问渠道为什么还要自己做品牌？

如果不是强品牌，你自建渠道也不行。比如说直播带货，这是很好的一个渠道，但如果不是强品牌，获取流量的成本会非常高，转化率又会很低，最后这个渠道你依然抓不住。

品牌是什么？建立信任，降低交易成本，创造交易溢价。

如果不能成为强品牌，就踏踏实实地做好一个工厂。不是每个工厂都要成为品牌。即使是工厂，如果有独特价值，能够做出别人做不出来的产品，也可以获得长期稳定的利润。工厂要做的不是打进消费者心智，而是打进渠道心智，对于渠道来说你有独特的不可替代的价值，这样你就可以很好地生存下去。

如果既在消费者心智中有独特的价值，又在渠道心智中有独特的价值，既有工厂的利润，又有品牌的利润，这就是一个好公司。

汤明磊： 确实如此。可能每一个工厂都有一个品牌梦，但并不是每一个工厂都要成为品牌。

第六个矛盾是"种草无效"和"种树没钱"之间的矛盾。您曾经在分享中提到，内容平台刚刚诞生之日，土地是荒芜的，只要种一棵草就很容易被看见。现在社交媒体包括内容媒体最大的挑战是"种草"，因为大家都知道要"种草"，所以已经变成一片草原了，在草原之上再种草，被发现的概率就会很低。您建议品牌不要再"种草"了，要"种树"，把树种起来之后，树下面的这些草自然能够被看到。但是对于很多品牌来说，"种树"的成本太高，怎么才能花更小的成本去种树呢？

江南春： 我觉得"种草"是数字时代品牌营销的一个标配。这就像电视时代，在报纸上投放广告就是品牌营销的标配。

"种草"的门槛很低，所以对于小品牌来说是很好的机会。如果能够用优质的"种草"做到两三亿，你会发现继续"种草"的效果非常有限，这个时候就要想办法去"种树"，但是"种树"很花钱。所以你可能需要融资，融到钱你就可以去突破，去"种树"。如果是线下的品牌，你可以局部引爆，比如将某一个省或者某一个城市作为模板，逐步按照区域保护去"种树"。还有一种是精准引爆，比如"6·18""双十一"的时候，借助之前广告投放的数据分析从 20 个城市里选出 20% 的小区投放电梯广告，覆盖面可能不是那么大，但是却精准覆盖了每个城市 50% 的潜在消费者。之后再根据数据做二次投放，很快就可以看到"种树"的效果。

所以我觉得有条件可以"种树"，没有条件最好是"种草"。当然，通过"种草"做到两三亿之后还是要"种树"，如果这个时候还是没有"种树"的条件，那你就要不断地提高"种草"的能力。

汤明磊："种树"的成本可能并没有大家想得那么高。其实并不需要在全国范围内种一棵人人都看得见的大树，只需要在区域垂直的场景里"种树"就可以了。这样"种树"的效果可能要高于花差不多的钱种一大批杂草的效果，所以有条件的话最好是选择"种树"。

这些可能是您对于 to C 品牌营销的一些建议。to C 的品牌营销的很多理念和思维可以借鉴到 to B 的品牌营销中，但一定不是简单的抄袭和复制。如果给 to B 的品牌营销归纳一个公式的话，您觉得应该是一个什么样的公式？有没有 to B 的品牌通过分众直接破圈的案例？

江南春： 我觉得品牌营销的一些东西，to B 跟 to C 没有太大差别。比如钉钉、企业微信等，其实是一个大概率事件，用户非常广泛，几乎每个企业都需要。在这种情况之下，to B 的品牌营销跟 to C 的品牌营销其实没什么区别，无非是广告槽从居民楼换到了写字楼。无论是钉钉还是企业微信，都不需要地推，下载了就能用，所以它面对的是整个写字楼里面的所有相关人员。到底是用钉钉还是企业微信？这就牵涉到企业的决策过程。在写字楼投放广告的好处就是让企业里面所有可能参与决策的人员，包括老板、IT 部门、财务部门、行政部门等，都可以通过广告对品牌建立了解和信任，然后形成一个共识。

我认为 to B 的品牌营销跟 to C 的品牌营销相比，to B 需要更强大的心理，需要更长的周期，而不是像 to C 的品牌广告就闪一下，消费者看到了一冲动就尝试一下，尝试之后就形成口碑。to B 需要长久的投入来建立信任，而建立信任的目的是降低选择权、降低犯错成本。在这个过程中，内容起到很大的作用。有些 to B 的品牌营销内容抢到全方位解决什么问题，一体化解决什么问题，真的很虚。to B 的客户需要更实际的内容才能建立信任，这里有两点非常重要：第一个是品牌可以帮客户解决什么问题，比如提高多少效率，提高效率一定不是让员工早点下班，而是减少多少人力成本；第二个是什么样的企业都在用，比如"2/3 的 500 强企业都在用""先进的企业都在用"，这些意味着使用这款产品可能会给他带来更多的生意机会。有了好的内容，再加上长时间的稳定投放，同时再加上地面推广（主要是指上门为客户讲解解决方案、提供服务），用这样的方式去做 to B 的品牌营销才能取得更好的效果。

大家不要怕花钱做服务，其实服务的成本都是部署的成本，投入之后都不容易改变。在 to B 的品牌营销过程中，服务是非常重要的一环，是一个连带的过程。

汤明磊： 您刚刚提到的是通用型的 to B 品牌营销方法。还有一类是垂直型的 to B 平台，比如美业、零售、母婴、化工、塑料，等等，每一个细分行业其实都有做大产业互联网平台的机会。这些平台的品牌意识其实很弱，它们甚至从起名到传播都没有一个思路，有些 GMV 已经过百亿的平台也没有品牌总监，也不会去研究品牌营销这个事到底对企业有什么样的帮助。对于这些垂直行业的服务平台，特别是这些 GMV 过百亿的产业互联网平台，在品牌营销方面您会给它们什么样的建议？

江南春： to B 的品牌营销对象，我觉得可以分为一横一纵。横向的可能就是不同级别的企业，大型企业的数量非常少，所以再怎么奋斗也难以产生较好的效果；其次就是中小型企业，租用的写字楼的价格在中等偏上；最后就是小微企业，租用的一般都是商住两用的办公楼。根据房租价格和类型进行横向切分之后，to B 品牌就可以根据自己的客户对象进行精准投放。

纵向切分就是指按垂直行业切分。比如，专门做出口型企业服务的 to B 平台想要做品牌营销，分众有很多出口型企业客户，通过后台数据我们可以快速、精准地找到这些企业在哪里，然后进行精准投放。

很多 to B 觉得做品牌营销的效果还不如去扫楼更直接。假如在中国有 100 万家企业是你的潜在客户，你通过扫楼可能只跟其中的 10 万家建立了合作，还有 90 万家很难再合作，为什么？一部分原因是这 90 万家企业从来没有听说过你，你的人扫楼还没有扫到他们，他们也不知道还有你这样一家可以为他们提供服务的企业；还有一部分原因是他们听说过你，有可能是你的人扫楼的过程中找到了他们，但是对方听了介绍之后说我已经有合作伙伴了，所以不需要你，因为你的品牌知名度不够高，他们对你的认知度、信任度也不够高，所以不会考虑和你合作。这个事情表面看起来可能是扫楼没有做好，实际上是品牌知名度、认知度、信任度没有做好。因此，我觉得垂直型 to B 平台做好品牌营销非常重要。

江南春寄语

我认为在 to B 行业中，信任成本被大家低估了。什么是性价比？性价比上面是"有形价值＋无形价值"，下面是"有形成本＋无形成本"。信任是最大的无形成本，所以我觉得 to B 企业一定要降低信任成本，做好品牌营销。

对话潘勇：数字化赋能上下游，驱动未来经济

《工业互联网创新发展报告（2023 年）》（以下简称"报告"）显示，我国工业互联网网络、平台、数据、安全体系不断完善，核心产业规模超 1.2 万亿元。全国"5G+ 工业互联网"项目超过 7 000 个，标识解析体系服务企业超 30 万家。培育 50 家跨行业跨领域工业互联网平台，具有一定影响力的综合型、特色型、专业型平台超过 270 家，重点平台工业设备连接近 9 000 万台（套）。

如何打造基于垂直数字供应链的工业互联网平台？如何推动上下游产业的数字化进程？如何将同一产业链、供应链和价值链上的数字工厂共构链接，形成同向数据流转，提高企业的生产效率？

汤明磊： 非常有幸邀请到了我们产业互联网的 A 股第一股国联股份（以下简称"国联"）的高级副总裁潘勇。国联从 2002 年建立至今已有 20 多年。从行业的黄页到产业的信息服务平台，从 B to B 的交易平台到产业互联网平台，这 20 多年的时间，国联走出了一条产业互联网的创新平台之路。在这

个过程当中，国联经历了哪几个节点的转变？请您给大家分享一下。

潘　勇：实际上，国联的前身最早是在 1998 年成立。那个时候，公司主要以工业传媒类的业务为主，以每个行业的细分垂直行业作为目标市场，开展有关黄页产品选型手册以及年鉴等方面的纸质出版物的工作。2002 年，公司进行了第一次股份制改造，成立了现在的国联股份公司。2005 年，我们开始思考第一次互联网转型，推出了 1.0 信息撮合服务模式的国联资源网平台。这个平台发展到 2013 年，最高的时候，大概覆盖有 130 多个行业，服务数百万的行业内相关企业。它的服务模式跟当时的诸多信息服务平台都是一样的，包括会员费、广告费、会务以及出国考察，等等。当时大概有 2 000 多家平台，以高度同质化的服务在给市场内的各行业的企业去提供相关的服务，我们应该排在第六、第七名左右。应该说，那个时候大家还是比较舒服的，但是对于一个公司而言，很难看到可以超越前面几家公司的机会，所以我们开始进行 2.0 模式转型的思考。2013 年，我们做了第一版商业模式和战略规划，并且和涂料行业的团队沟通落地策略。2014 年，我们正式注册了涂多多平台，开展有关工业电子商务的尝试，我们当时的定义是做工业品原材料的电子商务服务平台。2016 年，我们又推出了面向玻璃行业的玻多多平台和面向卫生用品行业的卫多多平台。2015 年到 2019 年，国联一直保持着 90% 的复合增长率，一直到 2019 年 7 月 30

日上市。

上市之后，我们又陆续推出了面向肥料行业的肥多多平台、面向造纸行业的纸多多平台、面向粮油行业的粮油多多平台（图 5-2）。

图 5-2　国联发展路线图

基于这几个平台对工业互联网平台商业模式的探索，我们归纳了一系列的模式路径、战略路径以及运营策略，未来可能还会在更多的行业里面进行推进和扶持。

汤明磊：经过 1.0 模式到 2.0 模式的迭代，国联现在（2021 年）的业务结构是怎样的？国联为什么能够成功？

潘　勇：国联把自己定义为产业互联网模式的创新者和实践者，因为我们现在做的很多事情都是以前没有干过的，比如企业数字化的云工厂，推进中小企业做数字化改造。

现在国联的核心业务是 B to B 垂直电商平台，包括自主电商、第三方电商和 SaaS 服务，已拥有六个平台，每个都发展得非常好，增速也都非常快。其中，涂多多平台成立最早、占比最高、规模体量最大，目前依旧保持高速增长。第二个是信息服务平台，就是前面所说的国联资源网。第三个是国联的技术服务平台，叫国联云。这三个业务是相互支撑的。

国联针对大宗原材料产业所设立的产业互联网模式或者说工业电子商务模式，这种模式和发展路径在全球是没有对标的。为什么国联这个事儿能做成？因为它确确实实能给整个传统产业的发展带来帮助，为传统产业上下游企业降本增效。国联之所以能够有快速的发展，最基本的一点在于对上下游的价值贡献是很明确的。

比如国联集合采购的交易模式，对于下游采购商的帮助在于能够让下游企业有和大企业一样的规模采购成本优势，以低价买到原材料；对于上游供应商而言，集合采购能够持续不断带来大的订单，让库存周转率变得更高，产能释放更有计划性，经营效率变高。这样，国联与上下游之间就能够形成一个极强的合作黏性和信任关系，让彼此能够发展得越来越稳定，越来越快速。

汤明磊： 从涂多多平台开始，国联的每一个工业原材料的"多多平台"是如何孵化出来的？

潘　勇： 国联有一套标准打法，所有的多多平台在创始之初都会沿着这套打法来进行标准化推进，当然，国联的团队也会根据实际情况进行微调。具体来说，这套打法主要包含五个方面（图5-3）。

行业策略
产品策略
上游策略
下游策略
团队策略

图 5-3　国联孵化"多多平台"的打法

第一个是行业策略，就是行业怎么选。我们在行业选择上会重点关注三个领域：一是选择上游相对集中且充分竞争的领域，争取用最少的资源在最短的时间之内形成对上游的充分覆盖；二是下游高度分散的领域，通过集合采购对下游产生价值贡献，并且能够形成跟上游议价能力；三是选择中间以渠道销售为主且环节比较多的领域，在做端到端交易的时候，把中间环节打掉，形成厂家对厂家的直接交易行为，整个产业的经营效率会大幅提升，而打掉中间环节节约的利润一部分给下游企业，一部分会成为平台利润池的一个重要组成部分，平台也有钱可赚。

第二个是产品策略，所有的多多平台一定是先做单品突破，单品做好了之后，再演化到产业链。产业链的延伸基于两个逻辑，一是看企业除了该单品外是否还需要其他产品，然后把它纳入产品体系里，这是客户复购逻辑；二是上游延伸逻辑，就是把这条产业链多个环节打穿。

第三个是上游策略，国联的供应商是分圈层的。最中间的叫核心供应商，绝大部分的集合采购订单会由他们来满足；第二圈叫签约供应商，一小部分订单会由他们来满足；最外围的叫其他供应商，只是在平台上开店，不会有深度的交易合作。

第四个是下游策略，指对不同类型客户的价值体现。对于中小型企业，用集合采购来降低采购成本；对于中大型企业，用一站式采购来提高采购效率。同时，建立次终端属地服务联盟，把原来一些地方上的经销商变为平台的服务商，以完成小型客户本地最后一公里的配送和售后服务工作。

第五个是团队策略。产业互联网平台本质上做的事情是不断地去观察传统产业和传统企业在运作过程当中的低效环节，然后用新的模式和技术去改善这个环节，这要求团队必须对传统产业有深度的认识，同时还要了解新技术、新模式，这样才能够把二者有效结合起来，所以要求有一个复合型知识结构的团队，这是一个很高的进入门槛。

汤明磊：一路走来，国联发展背后的底层逻辑是什么？

潘 勇：交易服务只是我们的一个切入点而已，国联要做的事情是以平台、科技、数据这三个关键词去重构传统产业的生产全流程。

国联有一套完整的战略规划，这套战略不是拍脑袋想出来的，它有一个基于底层假设的逻辑推导过程。国联的战略基于这样一个基本假设：未来的产业一定是围绕数据运转，任何一个在未来能够掌握某个产业核心数据资产的机构或者企业，会成为这个产业运转的核心。因此数据战略是国联最底层的核心战略。

当然，在数据战略落地的过程中国联也遇到了两个最常见的挑战，第一个挑战是数据从哪儿来？第二个挑战是企业为什么愿意把数据给你？

首先，解决数据从哪儿来的问题，就是国联从交易切入的最重要的原因，并不仅仅是因为交易可以带来收入和利润，更重要的是在于交易可以构建强信任关系。传统的生产型企业信任度最高的是它的交易合作伙伴，只有通过直接跟企业做交易，才能够建立起强信任关系。

其次，为了获得数据，需要构建一个数字化的数据沉淀通道，这就是国联的数字化服务体系。构建数字化的服务体系，基于国联的科技驱动战略，是国联的主要支撑战略。

在推进数字化的过程中我们发现，企业并不认为数字化是一个核心关键的要素，也不愿意为此付费。因此，现在的做法就是通过服务来引导。这就是国联平台服务战略推出的原因。平台服务战略是国联的先行战略。一定要构建多元化的服务体系，用服务引导企业的数字化改造，然后再去解决盈利模式问题。这就是国联整个战略的推导过程。

汤明磊：国联可能是 to B 领域里有 to C 基因的企业，比如尝试视频带货、直播带货，等等。除了这些，国联还做了哪些有意思的探索？

潘　勇：确实如您所说，C 端和 B 端虽然在具体的逻辑上有很大的差别，但是发展路径和基本的底层逻辑还是一样的。C 端确实有很多东西，尤其是在战术上的东西，B 端是可以借鉴的。

比如 C 端的直播，我们组织了行业知识直播、直播带货，后来把我们的直播平台开放给企业，让他们自己做直播宣传企业，他们觉得很新鲜，没想到工业品也能这么干，而且很有效果。我们的行业知识直播观看人次达到几千万，直播带货一次能卖出几亿元。这给了我们很大的信心，所以我们也尝试了 C 端的秒杀、拍卖、送货上门、包邮等策略。

比如集合采购，实际上最早的集合采购也是在 C 端，我们学习了 C 端在集合采购上的经验和方法，在 B 端开始应用，并且逐渐成为我们的一个核心模式。

再比如次终端电商联盟，其实参考的是 C 端的线上线下结合，用线下的门店去解决最后一公里配送的服务体系。我们的终端电商联盟是把一些末端的经销商变成最后一公里的配送、售后服务和前置仓的合作伙伴，从代理商变成服务商。我们不断地给他们赋能，包括服务、仓储、风险控制、售后、培训、销售和开发客户等，全面提升他们的服务能力和服务水平。

所以我们其实一直在不断地吸纳 C 端跟 B 端有相通之处的一些东西，然后在 B 端探索应用。

汤明磊：产业互联网有很多细分赛道和商业模型，比如 B to B、MRO、S to B to C、ACN 模式等。面向产业互联网未来，您认为还存在哪些机会？

潘 勇：C 端电商的发展逻辑和发展阶段实际上是可以

跟 B 端电商进行类比参照的，也是可以互相印证的。在 C 端电商，淘宝和京东先解决订单问题做电子商务，在做的过程当中，解决了供应链问题、支付问题、金融问题，现在向 B 端延伸，做数字化、做产业链。国联在做产业互联网的过程中，前期重点解决产业链的订单和交易环节，未来还将进一步解决供应链问题、支付问题、金融问题。

从这个角度来讲，原来消费互联网所催生的各个垂直领域的服务体系在工业互联网端也要有。如果以行业来划分，我觉得未来的各个细分行业都有可能形成一个产业互联网。消费互联网面对的是海量市场，所以会有前三效应，需要有几个平台去满足不同的需求。但是在产业互联网，每一个产业都可以诞生一个平台。

从投资机会角度而言，哪个领域都有机会诞生头部的产业互联网平台，不过还需要更多的实践去摸索。我特别同意朱啸虎说的一句话：产业互联网是一个走得长比走得快更重要的赛道，因此，不要烧钱去买客户，不要追求短时间内爆发式的增长，而是要真正为产业上下游创造有增益的交易、价值和服务。

" 潘勇寄语 "

国联对于未来的产业有一个构想：大型企业可能会结合在一起，形成第一极；大量的中小型企业围绕着平台构成第二极，因为中小企业围绕平台可以形成规模采购成本优势和生产效率优势，形成一个半封闭的生态体系；最后就是有特殊的生产能力和工艺配方的小企业形成第三极。在这个架构里，没有任何一个机构能够掌握完整的产业数据，最后很有可能是大型企业和中小企业服务平台共同成立一个数据中心，去推动和指导产业上下游整体的协同和运营。

对话孙超：如何把握农村商业数字化的攻守道

2018 年阿里巴巴以 45 亿元人民币投资汇通达，成为 B to B 历史上最大规模的单笔投资。由此，下沉市场、农村消费者引起众人注意。2022 年汇通达成功在港交所主板上市（汇通达网络 09878.HK），成为行业公认的"下沉市场第一股"。

随着互联网等科技的发展，农村市场也在发生变化。如何更好地服务农村市场？农村还有哪些有待被挖掘的创业机会？如何推动农村商业的数字化？如何让农民生活更美好？

汤明磊：从 2012 年到现在（2022 年），汇通达有几次大的业务模式的思考和调整、转型的过程？

孙　超：我们做的是下沉市场，而且是 to B 的赋能型模式，不是一个 to C 的消费品牌，所以我们服务的客户和用户群体往往都是乡镇的小 B，绝大部分是夫妻俩一起经营的小商店（以下简称"夫妻店"）。我们从 2012 年到现在，不变的初衷就是以农村市场为主。

在 2010 年、2012 年那个时候，城市里的供给和流通都已经非常高效了，但是在农村市场里面依然还是买不到好的商品，也没有好的服务。

汤明磊：好商品进不到农村，农村也买不到好商品。

孙　超：即使有一部分好的商品也会比较贵，而且没有好的服务，这也是当时很重要的一个痛点。当时我们秉承了一个初心，就是"让农村消费者享受与城市一样的商品与服务"。现在这个使命又升级了，我们叫"让农民生活得更美好"。为什么我们不断在迭代？因为我们在顺应着市场的动态变化，以及科技跟互联网的趋势的演变。这两个是驱动整个转型节奏的重要原因。

我们的转型调整大概经历了这样几个阶段（图 5-4）。

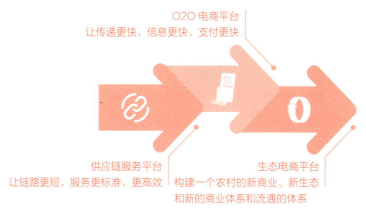

图 5-4　"汇通达"转型的阶段

第一个阶段是供应链服务平台，核心的任务是把城市里好的商品跟服务通过我们直接到达小B，替代了原来一层一层的省级代理、市级代理、区域代理再到小B，所以我们是让链路更短，服务更标准、更高效。

第二个阶段是O2O电商平台，用技术推动新的工作方式。随着O2O慢慢兴起，线上、线下因为移动互联网可以在线购买、在线支付。我们开始通过互联网和数字化的方式，让线上线下流通变得更高效、更简单。因此我们打造了一个农村O2O的电商平台，通过信息和线上线下的互动，能够让商品和服务传递更快，信息扩散更快，支付更快！

第三个阶段是围绕农村"三高类"消费场景的生态电商平台，构建一个农村的新商业、新生态，新的商业体系和流通的体系。基于农村市场的变化，我们发现农村用户群体的诉求也在演进。虽然我们主要是做to B赋能，但是我们的出发点是农村消费者，或者说最终接受服务的是农村消费者。根据他们的诉求变化，我们又做了迭代——从家电到农资、农具、酒水、电动车、出行等，从品类开始延展、扩张。但是，我们同时又发现一个很重大的问题——农村市场跟城市市场不太一样。首先，农村的收入来源是农资的生产、土地的生产、农产品延伸的各种产品等；其次，农村的劳动力、房屋租赁有很多在闲置。基于这些问题我们开始慢慢思考，怎样能够让这一群人有更高的产值，而不是简简单单地去买东西？我们能不能做一点事情，帮他们赚到更多的钱？我们开始试点了一些农产品上行，包括帮就业、帮培训、帮找工作等一系列的工作。

第四个阶段是同步服务品牌工厂、供应链合作伙伴和零售门店的产业互联网平台。我们通过在线化、数字化整合城乡流通的各个环节，推动全链路、端到端的提质增效。为上游的品牌厂商、生产制造企业提供企业数字化服务，为供应链上的经销商、服务商等合作伙伴提供全渠道的智慧供应链与电商服务，为零售端的实体门店提供"实体店 + 网店 + 直播社群店"一店散开的数字化转型智慧零售服务。目前汇通达的产业互联网平台上，已经聚集、服务到 1 000 多个上游厂商、2 万多个供应链合作伙伴、21.7 万家乡镇"夫妻店"。

汤明磊：我觉得特别像是在做一个超级接口的事。原来是把好的东西下行，农村消费者可以通过这个超级接口买到好东西；现在是把农村的好东西通过这个超级接口上行卖出去。

孙　超：我们始终把自己定位为一家赋能型的企业，帮助传统的小 B 进行综合的增长服务、数字化服务，所以很多人说我们是"S to B to C"的典范。我觉得也可以叫"F to B to C"，因为我们是扁平供应链，从工厂直接把货供给小店再到 C，但是 to C 这一段是我们帮助小店 to C 而不是我们直接做 to C。

为什么要做赋能？我们把货供给小 B，如果放手让他们自己做 to C 卖货，如果卖不出去，我们供的货越多就越麻烦。所以，我们会面向小 B 做一系列的培训，包括商品应该怎么经营、怎么布局、怎么销售等，包括讲解产品知识、产品卖点、产品的成分等，也包括店铺怎么做网络营销，怎么开线上小店、怎么提升业绩等，还包括怎么经营顾客。尤其是"经营顾客"是非常重要的一点，因为乡镇是一个鱼塘市场，人流量固定，不像城市人流量非常大，所以流量思维在农村市场是行不通的。农村市场没有公域，都是私域，它是一个鱼塘，所以怎么经营这个鱼塘里的顾客是乡镇小B必须解决的问题。因此我们不仅仅是给系统、给商品，更重要的是帮助他们学会通过数字化的方式进行服务模式升级，经营好顾客。

我们有专门的空间梯队去做这些事，也有专业的课程体系。每个地面的团队都有专门的区域团队为客户提供贴身的顾问式服务。这是我们跟同行最大的区别。

同时，我们在服务乡镇小B的时候，有大量的传统经销商、厂家、品牌商存在巨大的痛点，就是怎么把下沉市场做好，尤其是长期有效地做好。这其实是一个很大的课题，可能涉及很多方面的工作，但是我们在聚焦小B业务进行数字化体系搭建的过程中发现，我们其实可以帮助传统经销商、厂家、品牌商进行数字化改造，提升其服务下沉市场的能力。

汤明磊：这其实就是一个超级接口的使命，因为先接上，然后再开放！

孙　超：确实是这样子。一个是往前接，更多的是接到消费者；一个是往后接，更多的是接到工厂和生产；一个是往下沉，沉到底层数字化能力和商业流通的数据模型体系。

我们叫"利用数字化技术和供应链能力赋能服务乡镇夫妻店的产业互联网公司"。

汤明磊：您刚才提到，汇通达有一支非常强大的地面服务团队和地面赋能团队，这可能是很多产业互联网公司特别羡慕也特别认同的。在打造这支团队的过程中有没有踩过坑？对于产业互联网的地面服务能力的建设方面，您会给出一些什么样的建议？

孙　超：当做全产业链效率提升的时候，我们觉得要有三个服务体系来推动整个产业发展：第一个是分布在各个县域乡镇的团队，专门服务小 B；第二个是省级区域团队，专门服务中小型经销商；第三个是企业服务团队，专门服务厂家和大型经销商。

不同的团队提供的核心服务也会不同。比如，我们服务中小型经销商的团队主要提供数字化的系统和数字化的培训服务，也帮助他们做一些供应链运营的服务和数据的支持，也为他们提供一些工业金融供应链、上下游资金的方案、渠道的联合活动方案等服务。再比如，我们服务企业的团队主要是帮厂家打通渠道，做渠道下沉，而且是直接到店，也帮他们做终端的营销、提升物流仓配的运转效率，也可以通过数据互动帮他们做一些集单、定向生产和包销定制等服务。

当这三方都在一个频道的时候，我们为他们提供商品服务、供应链服务、数字化的工具系统，然后再帮他们提供运营和营销服务。依托于整个供应链的效率，我们在做像 B 端和工厂端的联合清单、反向资质、联合资质等服务时效率也在不断提升，所以我们的服务团队是按照这样的一个架构去搭建的。以后的竞争就是全产业链的竞争，一定要有整体效率的提升，所以我们这些团队需要无缝组合链接。

还有很重要的一个点是，我们的地面团队全部都是本地化、服务化、网格化。

在农村市场，外地人很难获得信任，所以我们的地面团队都在区域本地组建。我们选择的人都来自本地，当地的口音、当地的户口，有着先天性的信任。然后我们对这些人进行深度培训，让他们做到"五懂"，懂生意、懂农村、懂农民、懂电商、懂营销。我们服务的都是做了大半辈子生意甚至是世代做生意的小老板，如果我们的服务人员什么都不懂或者略知皮毛，很有可能被小老板的专业问题问倒，所以做to B 服务的人要比服务的客户更懂生意才能把业务做好。

本地化可以帮助我们建立基础信任，但是怎样让大家保持持续的信任和持续的增长？归根结底就是服务化。在农村做事情开头难，但是一旦形成了口碑和认可，让大家看到了效果，乡亲们的热情也很浓烈，所以我们要务实地把口碑和增长效果做出来，才能获得他们进一步的信任。只有不断帮助他们做得更好，才能够获得他们持续的信任，所以我们对地面团队的考核不仅仅是考核个人业绩情况，更重要的是考核他有没有帮助服务的客户实现增长。

最后一点是网格化，即每个区域按照网格来划分，构建一个"区、客、店、代"的运营体系，区是区域和区域经理，客是客户，店是门店，代是代理人。一个区域有 10 个客户经理，一个客户经理服务 20 ~ 50 家店，每家店有 10 ~ 20 个负责销售、分销、引流的代理人。

除了这个运营体系，还有一个是我们对外讲的比较少的"两端一路"。"两端"是指供给端和客户端，也可以说是工厂端和门店端。"一路"是指产业数字化的全面升级改造和全面服务化。"两端"和"一路"要对应，客户服务体系和服务网络一定要到位，这条路才能跑得快。这条路包含了我们整个效率改造升级里面非常重要的几个体系：一是信息和交易体系要通畅，能够快速对接、快速交易，而且数据要准确；二是物流仓配体系要通畅，网络协同的周转、滞销也很重要，尤其是规模越大压力越大；三是智慧供应链体系，就是基于供应链的升级和改造，通过大量的数据运营，让工厂的设计和终端的需求快速匹配，生产出来的商品和目标客户快速匹配；四是数字化体系，这也是最重要的支撑体系，我们做了 12 个在线化的模式把这条路撑起来。

"区、客、店、代"的运营体系，再加上"两端一路"，这个模型就很稳健，能正常运转起来，能够高效地实现精准匹配。

汤明磊：当时为什么会选择去做农村市场？

孙　超：为什么做这个市场？我觉得有三个原因。第一个原因是每个人都有追求美好生活的权利，农村市场也是一样，而且可能比城市市场的需求更大。第二个原因是农村市场是被互联网、被商业忽视的，更多的是外包给经销商，所以农村市场的巨大需求是没有被挖掘也没有被满足的。第三个原因是农村市场的下行、上行的流通，有巨大的痛点和巨大的不健全，怎样才能重构商业体系、重构农村市场流通的通路，这本身又是一件非常具有战略意义和战略价值的事情。

其实很多人都看到了下沉市场的潜力，也有很多企业在实践，比如在乡镇、村点开品牌专卖店。我们采用的是"平台＋乡镇店"这种模式，用会员制的方式"连而不锁"，不是强加盟，也不是直营开店。

首先，农村市场进入到村，离用户更近，服务半径、效率半径也更短，但它非常散，而且数量非常大（国家民政部数据显示，截至 2021 年，全国有 7 693 个乡，50.2 万个村；沙利文报告显示，2022 年下沉市场零售规模达到 17.6 万亿、体量是城市市场的 4 倍且增速更快）。全国大概有几十万个村庄，如果采取直营或者自营模式，那就意味着要承担这些店的人员成本、营销成本、经营成本，最重要的是，即使成本兜住了也很难管理。如果派人驻店，一方面很难找到合适的人愿意到乡镇去工作；另一方面乡镇的小店一般都不大，很难留住人。如果做强加盟，一般就要有自己的整体品牌和整体输出，标准化的商品、标准化的服务、标准化的品牌力。但其实在农村市场，你让小 B 完全按照你的方式来经营管理是有很大难度的，因为他们经营的能力和习惯都很难改变，也不愿意改变。反过来讲，我们采用会员制的方式，这个店还是他的店，我们保留了他们自主创业的状态，但是我们帮他赋能改造，这个时候就变成了一种共生或者联营的模式。这个模式里，店是你的，我只是站在你背后的人，是帮你把生意做得更大、做得更好的人，所以我们会员制方式的目标是"做大会员店的生意就是我们最大的生意"。

其次，如果选择做县城市场，很多县城实际上离乡镇很远，离村更远，而且它本身的市场也比较成熟，如果再往乡镇、村里夫打，成本就会很高。我们发现乡镇是一个很重要的节点，离城区不远，离村又很近，是一个很好的枢纽，我们也发现乡镇经济越来越繁荣。一方面从流通、效率等各方面看，乡镇的位置非常好；另一方面乡镇和城市有一点完全不一样，乡镇有一个人情和社交属性的特点，一个乡镇里面十几个村的人很多都认识，消费者和经营者非常熟悉，说白了就是"村里有人"，所以乡镇上的这些小 B 效应都还不错。它有天然的社群属性和熟人效应。

汤明磊：在下沉市场深耕的 12 年里，下沉市场发生了哪些变化？这些变化里面，有哪些是不变的，有哪些可能在变化？对现在还想进入下沉市场的创业小伙伴，或者已经生根在下沉市场的这些创业者们，你有什么好的建议和展望？

孙　超：这 12 年间，农村的发展是翻天覆地的。

首先，让我们感受最深的是基础设施的完善和通畅。无论是道路、交通，还是网络，基础设施已经非常完善，不像以前大家出门都不方便，也不舍得用流量。

其次，近10年农村人口结构的变化。比如，常年生活、工作在村里的人确实越来越少，更多的是往乡镇、城郊聚集，所以乡镇的人口在聚集，商业也在聚集。因为所有的商业都跟人口相关。近3年，我明显感觉回乡创业的年轻人越来越多，这是非常重要的一个变化趋势。此外，美丽乡村的建设推动了很多乡镇、村庄在进行合并，所以，农村的人口在聚集，其中蕴藏着巨大的商业机会。

最后，农村消费者对消费、物流的认知发生了极大的变化。六七年前，我们在农村的小店里可以看到很多假冒伪劣商品。近几年，随着渠道的完善、消费能力的上行，大家的消费需求和消费习惯发生了很大的变化。举个例子，我们最近到江苏周边乡镇的小店里去，发现他们卖的都是万元价位的对开门的大冰箱，洗衣机也是以更高端的滚筒洗衣机为主，低端一点的波轮洗衣机的比例越来越小。农村市场的消费能力、消费需求都在提升。农村消费者虽然挣的钱不多，但是没有房贷压力，可支配收入比较多。还有一点，农村的消费者，不管是年轻人还是年纪大的爷爷辈、叔伯辈，都会用抖音、快手购物，而且客单价相较于五六年前的100元以下已经提升到了300~500元。当然，如果客单价超过500元，他们还是更愿意去线下店消费，所以整体来说线下店的销售占比还是比较大的。

整体来说，农村小店的经营成本相对较低，但是消费水平并不比城市低，所以机会还是很大的。我感觉各个领域都有巨大的机会。

　　汤明磊：汇通达赋能的对象非常明确，就是乡镇上的小B，也就是"夫妻店"。您会如何给它画像？

　　孙　超：乡镇上的"夫妻店"跟城市里的"夫妻店"其实有很多共性，但也有很多不一样的地方。整体来看"夫妻店"有这样几个特点：第一，面积基本上不大，在 200 平方米左右，只有极个别的会比较大一点；第二，工作人员主要是夫妻俩，有的可能会增加一到两个送货员或者销售员、安装工等；第三，经营管理方式都比较简单，进了什么货、卖了多少、库里还有多少货等完全靠脑子来记，卖货的时候也没有单据、票据，基本没有什么数字化系统，可能连基本的记账系统都没有。整体来说，小镇上的"夫妻店"这几个特点更加突出，尤其是经营管理方面，和城市里的"夫妻店"相比更显落后。

　　汤明磊：我们知道，汇通达在 10 年之前是从大家电品类切入的，现在（2022 年）已经延伸到了六大品类，从家电到3C（计算机、通信和消费电子产品等三类电子产品的简称）、酒水饮料、农资、农具等。在整体供应链的运营和品类的选择上，您有过哪些思考？

　　孙　超：我们的董事长原来是五星电器的创始人，汇通达属于他的二次创业，所以当时选择大家电作为主营的品类做下沉市场，其实是想把原来的优势发挥好。在运营方式上，我们当时不是简单地做批发的供应链，而是以扁平渠道的方式跟厂家合作，然后直供到小店到 C 端。

为什么后来又不断地扩大品类，并且做了很多"三高"（高体验、高物流和高售后）类商品？主要是出于以下几点思考。

第一，我们判断门店是不可能消失的，不会被替代。下沉市场包括在农村，线下门店是一个很难消失的场景的服务。一方面，很多的消费还是在线下完成；另一方面线下的服务、销售、安装需要有人去支持。农村不像城市里的门店销售和售后是分开的。在城市市场，销售、服务、配送等领域可以分得很细，而且每个领域都活得很好，因为人口密度大、市场足够大。在农村，如果这样进行细分，每个领域就可能很难养活自己。农村市场的线下门店承载的是多场景、多需求的满足，不仅仅是商品。如果选择了一个未来会被替代掉的赋能对象，我们的商业模式就不成立了。

第二，哪些行业、哪些品类未来不会被替代？服装、日化、日用品等快消品都可以通过线上购买配送到家，很多标品也不需要到店购买。经过判断，我们确定了选择品类的"三高"原则：高体验，消费者必须先了解；高物流，消费者不可能自己搬、自己送，而且电商直接送到家里的成本会很高；高售后，需要售后而且不只是一次售后。当然，这类商品的价格通常都不太便宜。我们发现除了家电以外，电动车、农机、农具、建材、3C 数码等商品也具有类似属性。

第三，我们考虑的是建立壁垒。"三高"类商品在下沉市场需要建立一套完整的仓储、物流配送体系，以及销售人员、店面人员、售后人员的培训体系。这些都是有一定难度的，并不是有一点钱、有三五个人就能干起来的，所以一旦我们做到一定程度就会建立壁垒，能够有一定的防守。所以，从家电开始逐渐扩展品类的主要原因是我们的体系需要不断完善，壁垒需要不断增强。

汤明磊：汇通达上市之后的战略，可能会在哪些方面做些更多展望？

孙　超：对于我们来说，无论是零售、批发、做产业，还是做 S to B to C，等等，本质上其实还是"两个根本"。

第一个根本就是服务客户，以客户为核心把服务做好。如果我们的服务和口碑不能让客户感动，进来的客户也会流失，所以我们在增长的同时，更重要的是要把口碑和效果做好，创造客户增长和客户感动，这一定是我们所有业务里面放到第一位的。

第二个根本是商品云服务。这个服务包含 SaaS、供应链商品、供应链金融等。这些服务本身很重要，但我觉得更重要的是在这些服务里面不断研究全产业链更有销量、更精准、更好的商品和供给模式。

这两个事情在任何一个公司都是非常重要的发力点，也是其他指标提升的最重要的支撑点。

汤明磊：在这个过程里面，汇通达有哪些实践经验可以分享？

孙　超：第一，选对人。无论你的运营模式是什么，都要根据运营模式的需求有侧重点地去选人。同时，选的人还要互补组合，比如有一批人负责开疆拓土，有一批人负责做销售变现，有一批人负责经营客户等。第二，选方向。你要做哪个方向的生意，这个要想清楚。第三，定机制，尤其是总部和分部的协同策略，构建一个既举证又分布又授权又不出错不走偏的模式。建完之后，区域合伙人能不能跟大的战略协同一致也很关键。这个事情一定要做好，否则你就会发现要么很散，要么很乱。第四，定激励。怎么考核，怎么制定底薪提成、超额奖励、阶段奖励、冲刺奖励、晋升奖励等各种各样的激励策略。这四个方面我觉得是要重点把握的。

此外，渠道模型也有两个比较重要的点。第一个是判断渠道的特性。比如我们的"三高"类商品的渠道的特性可能就是线下场景交付很重要，同时线上做扩散品效和业务结合。但是像服装、化妆品、零食这些商品，可能线上比线下效率更高，所以，不同的品类要分析在不同渠道的特性和未来的状态，其中最应该关注的是渠道的人群特点和渠道的分布特点。第二个是渠道模型，就是渠道在链路未来的变革里会变成什么样子，一定要用全产业的视角来思考这个问题。这个核心一定是看产业整体的效率。同时，还要算算账，就是算算这个渠道的所有的投入产出，包括单客的投入产出比、单客的增长值、单渠道的投资比等。我觉得不同行业都可以归类到一些算法和数据模型里面，比如单客模型、周转模型、客户经理模型，等等。

汤明磊：产业互联网平台直达门店，其中一定有一个非常重要的环节是我们没有办法越过的，就是代理商群体。汇通达是怎样思考平台和代理商之间的关系的呢？

孙　超：我觉得其中最重要的是渠道的升级和变革。产业互联网不是把渠道从线下搬到线上这么简单。最早的时候大家考虑的是怎样平衡线下跟线上的关系。这个问题的本质是，在新的技术和新的市场环境里，原来的渠道结构跟渠道体系，怎样才能进一步演进？为什么需要代理商和经销商？未来的终局的结构是什么样子？

它的核心其实就是 4 个问题，渠道的能力不够强，厂家的能力不够强，信息扩散的能力不够强，资金的能力不够强。移动互联网时代，这些问题都在一定程度上得到了解决。首先，消费结构发生了巨大的变化：一个村民坐在家里拿着手机，就能知道厂家又上了什么新品，又开了什么发布会，新品在每一个平台卖多少钱等，所以信息扩散的能力增强了，信息通畅了。其次，移动支付的覆盖率越来越高，在手机上点一点就可以支付了，所以资金支付也通畅了。最后，信息通畅了、资金支付通畅了之后，渠道的能力、厂家的能力也都得到了极大的提升。这个时候新的问题又来了，还需要一层层的经销商吗？我们觉得肯定还是需要的。很多人会说要打掉经销商，我们却不这么认为。任何一个厂家，都不可能说自己就能完全做到直达消费者。线上平台或许可以直接打到终端，但这毕竟是有限的，中国尤其是中国的农村非常多的人习惯于线下消费。对于线下来说，任何一个厂家都不可能全部覆盖，肯定需要找区域合伙人、区域服务商这样的角色来帮它直达小 B、直达消费者。

汤明磊：代理商转型成服务商。

孙　超：这个过程中，原来的经销商的角色就发生变化了。以前经销商代理一个区域之后，资金、市场、品牌、营销等各方面都是自己做，厂家只是配合。现在则是厂家主导，线上精准营销、线上交易、线上支付，所有的场景几乎都可以在线直达消费者，所以经销商在中间就不能再做传统的信息搬运工和资金搬运工，他们需要做的是本地化的服务营销、现场营销、场景营销等，同时他们还要往前再走一步，包括怎样帮助小 B 做好 C 端的生意。所以，未来的终局就是原来的代理商变成了服务商，它的任务要升级，能力也要升级。以前可能只要有钱、有人就能把生意做大，现在不光要有钱，还要有营销的能力、物流的能力、服务的能力、赋能的能力、经营客户的能力，等等。

汤明磊：这是从代理商到服务商身份上的巨大转变。农村是一个广阔而复杂的市场。在这个市场里面，有无数的客户，有无数的需求，也有无数的赛道。在这个过程当中，怎样服务好农村市场，服务好中国的国情，服务好中国最广大的农民群体，这也是我们所有人的期望和期待。

孙　超：其实我们已经看到，国家有非常多的政策和导向给农村市场，包括乡村振兴、数字乡村、数字经济、新经济、新产业等。从商业角度来讲，这是一个绝对有前瞻性的战略和导引。我们怎样加速通过互联网、人工智能的方式，去精准地服务农村市场、农村的消费者，让农村的商业变成数字化的商业，让农村的效率更高，让农民的体验更好，这是一个非常重要的课题。

2023 年 8 月《中央财办等部门关于推动农村流通高质量发展的指导意见》引用了汇通达在推进农村数字化建设方面的建议——"让手机成为新农具，让数据成为新农资，让直播成为新农活"。

这三句话我觉得真的非常好，而且非常的贴切，其背后的逻辑是要通过新的互联网的方式、方法、工具，助力农村传统的商业经营方式实现转型进化。

汤明磊：打破每一家传统的小店模式，让每一家传统的小店从一个有限的小店，变成一个无限的小店。

孙　超：其实就是打破边界，让有限的生意变成无限的没有边界的生意。这个其实就是汇通达一直坚持的理念。汇通达就是一个服务平台，我们提倡的价值观是"共创价值、共享成长"。在整个过程里面，我们希望通过数据的方式和超级接口，去连接更多的产业上的角色和玩家，让大家能够共同为农村做一些服务，也能为我们的精准扶贫，新经济、新产业带来一些力所能及的贡献，希望能够通过数字化的方式能够跟更多的人、更多的企业，共同向农村市场推动产业通路的升级，推动生活方式的升级，满足他们对于美好生活的向往，实现他们的美好生活，这个其实是科技和服务带来的最终价值和最终结果！

❝ 孙超寄语 ❞

老人开新店、强人开远店、新人守旧店。老人完全理解我们的战略、模式、细节、经验，他们都是在一线打拼出来的，什么都懂，开新店的时候不至于偏，也不至于乱。能力特别强的人去开特别远的店，因为能力弱的人可能就开不起来。旧店已经很成熟了，体系也很完整，店里面的梯队和干部都成长起来了，新的店长过来学习就能够快速进步，再做微创新。

对话王阳：当能源行业遇到产业互联网

产业互联网有非常多的赛道，包括 SaaS、B to B、S to B 等。我最感兴趣的也是我觉得一直都在上升的赛道就是 S to B to C 赛道。这个赛道比较核心的特点是推动并实现了门店数字化转型。能链智电（以下简称"能链"）是这个赛道上比较有特色的一家企业，它们深度服务的 B 端有一个比较核心的画像就是加油站经济。

汤明磊： 中国大概一共有多少家加油站？它们的分散程度如何？现在有哪些痛点和需求？

王　阳： 我们有一种说法，凡是能被线上替代的线下场景，未来的日子都会非常不好过。因为它们抗经济周期波动的能力非常弱。

我记得 10 年前我在北京的时候，路边还有各种各样的礼品店、服装店、文具店等。现在我们再去看，就会发现凡是能被线上取代的门店很多都倒闭了，甚至菜店都变少了，因为这些全都被搬到线上来了。只有服务不能被线上化，不能送货上门，才有可能不被取代。比如美容院、理发店、餐饮店等，这种不能被线上取代的才有可能生存下来。对于中国的加油站而言，这就是一个不能被线上取代的场景，它属于危险化学品，既不能用快递也不能外卖，这都是绝对不可以的。

加油站是开车的人必然要去的一个场景。据公安部统计，截至 2022 年 11 月底，全国机动车驾驶人数量已经超过 5 亿人。未来，加油站会成为城市当中非常稀缺的资产，因为它是车主必去的一个地方。

2022 年度"诚信加油万里行"调查大数据报告显示，当前国内有 11 万余座加油站，其中，国有公司加油站（中石油、中石化、中海油、中化等）约占 55%；民营公司加油站约占 43%；外企约占 2%。这和很多人的印象其实不太一样，曾经有人跟我说感觉就没有见过中石油、中石化之外的加油站。为什么中国的加油站市场会呈现这样一个格局？因为中国的加油站属于特许经营权，所以想要开一家加油站是非常考验创业者的公关能力的。

在中国，加油站本身的资产非常贵。据我所知，北京的一个加油站的资产差不多是3亿元，在二、三线城市的一个加油站的资产基本上也要达到1亿元以上，即使是三线及以下的城市，一个加油站的资产也要几千万元。加油站本质上是一种商业地产的连锁，并且都在城市当中占据着非常好的位置，但是却面临着巨大的运营压力。加油站的经营状况受到国际原油价格波动和国内成品油价格波动的双重影响，经常出现"批零倒挂"（批发价比零售价还要高），运营压力非常大。

这是国内加油站的一个基本情况。

汤明磊：在您看来，加油站的老板是一群什么样的人，他们的痛点和需求在哪里？

王　阳：中国民营加油站的老板大概分为三个群体：第一个是以福建人为主的群体，比如北京中图石油集团、湖北天海石油集团、江苏苏油集团、太原21站石油集团、云南石化、河北启点集团……这些不同省市的企业背后的老板都是福建人，占比可能会达到40%左右；第二个是以山东人为主的群体，比如山东石化、东明石化、京博石化、金城石化等品牌均出自山东；第三个就是一些本地的加油站连锁品牌。

20世纪90年代之前是不允许私人开加油站的，大概在

1992 年、1993 年市场才放开，出现了第一批吃螃蟹的人。那个时候几十万元开一个加油站的老板，如果坚持到现在，资产可能已经达到几亿元了。到了 21 世纪初，国内加油站出现了一段时间的"批零倒挂"现象，导致大批的加油站进行转让，带来新的一波老板入行。他们当时大多都是二三十岁的年轻人，而且这个行业的换手率比较低，过去二三十年的毛利也比较稳定，所以这波老板也是现在大部分民营加油站的老板。这些老板现在基本上已经进入到 50 岁以上的年龄段。对于他们来讲痛点是什么？我觉得无非就是三点：开源、节流、提效率。

开源就是加油站实行各种新的营销手段，让更多的人知道这个门店、来这个门店。

节流就是加油站要优化供应链，进到更便宜的油。

提效率就是加油站怎么通过进销存零售管理系统来提效。

数字时代，这些方面可能会涉及微信营销系统、会员体系、数字化供应链等领域。这些对于 50 岁以上的加油站老板来说都是很陌生、很有挑战的事情。

我给大家讲一个故事。我们家旁边的一个加油站老板是一个"90后"的小伙子。他原本在北京的一家互联网公司上班。他爸爸有一天给他打电话说："儿子，你快点回来。我扛不住了。"他就问他爸爸怎么了。他爸爸说："我们旁边的加油站被一个福建人租走了，他们很会做营销活动，咱家的加油站销量每天都在下滑。你赶紧回来！"然后他就回去帮他爸爸经营加油站。实际上，他是我们见到的为数不多的年轻人愿意去接班经营加油站的，大部分的加油站老板的孩子是不愿意回去接班的。这个故事的后续就是，他接班以后，邻居的加油站老板感到了威胁，就给他的女儿、女婿打电话，说让他们回来经营加油站。他的女儿、女婿没有答应，这个60多岁的老板只能自己学习互联网、数字化，却力不从心。

所以，中国的加油站经营迎来了一个空窗期。这些年纪比较大的老板，不管是开源、节流、提效率，还是SaaS进油、零售管理系统、会员体系，他们都搞不清楚。这一点跟其他品类的线下门店面临的痛点其实是一样的，但是他们更大的挑战在哪里？其他的行业竞争一直很激烈，穷则思变，大家一直都会去想怎么"开源、节流、提效率"，但是加油站行业是一个已经连续二十多年毛利稳定在30%左右的行业，几乎可以说是"躺着赚钱"，所以他们想要改变，想要学习新的技术、策略的主动性就会很低。还有一个重要的挑战来自新能源汽车的普及、城市里四通八达的地铁，甚至共享单车对加油站的经营都产生了一定的影响，以前两三公里的路程可能需要打车，现在骑个共享单车就行了，所以中国的成品油的总体体量虽然没有下降，但增速在下降。

我觉得总结起来，加油站老板现在的状态就是焦虑。很多加油站的老板会跟我们咨询说"我要不要搞个充电桩""我要不要搞个光伏""我要不要搞个便利店"……可见，他们整体上非常焦虑。

汤明磊：对于这种情况，我们知道能链帮他们解决了很多问题，做了很多事。比如获取流量、提供一些非油品的供应链等。当时选择的是哪个点去切入？因为这个点一定要扎得足够深、足够痛，可能才会让加油站老板产生"我愿意被赋能"这样的想法。

王　阳：2016 年，我们刚开始做的时候就面临着一个困境，就是什么都没有，既没有商户也没有客户或者用户。但当时我们抓住了一个机遇，就是 2014 年和 2015 年的时候，市场上出现了一批打车平台，包括快狗、货拉拉、神州、首汽、嘀嗒、易到，等等，2016 年正处于这些平台刚刚把业务跑起来的一个爆发期，也给我们创造了机会。

虽然在这之前私家车主已经被线上化，但私家车对加油的价格没有那么敏感，他们可能更喜欢到中石油、中石化去加油。对于一个刚刚起步的产业互联网平台来说，一上来就开发中石油、中石化（业内将这两家联合起来称为"两桶油"）这样的大品牌，显然是不现实的，所以我们更多的是去开发"非两桶油加油站"（民营加油站）。这种情况下，如果我们选择做私家车，就面临着把私家车主从"两桶油"拉到"非两桶油"的问题，需要投入的成本非常高，而他们的加油频次非常低（我们有一个同事一个月才加一次油），这也就意味着投入产出比很低，所以这并不是一个好的选择。

2016 年是一个拐点，耗油大户的商用车被拉到线上，包括城配车、物流车、网约车和干线大卡车等，它们每天都要加油，是加油站业绩的主要贡献者，并且这些车的司机对价格很敏感，其中 60% 以上的司机不怎么去"两桶油"加油，因为"两桶油"几乎不打折，而其他加油站会有折扣。

我们当时就把握住了这样一个时间窗口，而且在商用车线上化之后，司机也因为要接单而买了智能手机，这为我们做加油的线上支付提供了一个很重要的便利条件。最开始的时候，我们想把各种接口接到诸如神州、首汽、嘀嗒等平台，但是没有得到回应。我们就只能从加油站开始突破。

我们建立了一套开发加油站的逻辑：第一，我们帮加油站做活动策划；第二，我们会在加油站附近三公里范围内的物流园区、停车场做营销推广；第三，我们和神州、首汽等平台的关系很好，未来这些平台都会上线我们的服务，跟我们合作就等于和我们一起接入到这些平台了。

2016 年刚开始创业的时候，零下 20 多度，我们几个联合创始人都跑到加油站去跟那些加油的司机聊天，让他们把我们拉进他们接单的车主群里，然后再挨个去加司机的微信，告诉他"XX 加油站今天有活动"。我们甚至自己带着司机去加油，然后送他一瓶玻璃水，类似这样落地的事情我们做了很多。我也做过我们平台的客服和司机聊天，一开始我不太知道怎么跟他们聊天，后来发现跟他们快速混熟的方法就是说"大哥，最近活咋样"，他们立刻就打开话匣子跟你聊了。如果在加油站里边做推广，跟司机说"团油"，他们根本不清楚是什么意思，但如果说"微信支付 100 元减 5 元"，他们就会很爽快地说"行"。这些小技巧都是我们自己一点点摸索出来的。

加油站的老板是什么心态呢？哪怕你今天帮我卖了两单、三单，他也会觉得这个平台是有价值的，所以我们出去发传单的时候都会跟司机说"你必须拿着传单去，加油站才给你优惠"，其实不用拿，但是加油站老板看见传单就会知道你真的在帮他干活，相当于免费的劳动力在帮他干活。那个时候我们做了很多的服务，比如下雪了就帮加油站去扫雪，再比如每天到了出租车换班的加油高峰去帮加油站维护秩序，等等。我们甚至针对单点的加油站沉淀下来了一套 SOP 服务能力，包括下雪了要做什么、换班高峰要做什么、油要涨价排队了要做什么等。

一直到 2017 年的 9 月份，我们上线了第一个加油接口叫"云鸟"（成立于 2014 年，是一个致力于同城供应链配送的互联网物流平台）。然后是货拉拉、快狗、易到、神州、首汽，这些都是在那一年就上线了，我们就开始有了全国的流量。这个时候，当我们再去开发加油站的时候，就不需要跟老板说"未来这些接口会上线"了，我们真的有接口可以边展示边告诉他们"神州司机加油用的就是我们的接口"。

到了 2019 年我们在全国也只进入了几千家加油站，但是整个业务的飞轮已经真正转起来了。我们其实经历了一个非常艰难而痛苦地去说服加油站老板相信"你不是骗子"的阶段。

　　我们当年是怎么打动加油站老板的？最核心的就是帮他多挣钱。不管是帮他做社群运营、在周围做地推，还是我们后面有了真的这种外部的流量，有了流量以后帮他做 SaaS 的升级，给他供油，等等。这一切都必须为加油站创造价值，让老板真正赚到钱才能打动他。

　　所以能够敲开加油站的门，让老板产生"我愿意被赋能"这样的想法的，一定是"我每天能够帮你多卖 2 万元的油""我能够帮你提升 20% 的销售额"。我们也是从这个点开始切入，然后一点一点地去渗透给加油站老板其他服务。

　　怎么去打动一个 B 端？在我看来，销售要么就是情感驱动，要么就是价值驱动。可能早期就是情感驱动更多一些，后期当整个业务跑起来以后，价值驱动就会更多一些。像我们平台现在全国进入了 2 万多个加油站，确实做不到下雪天到每个加油站去扫雪这样的事情了，但我们线上真的能够给加油站带来流量，能够帮加油站降本增效，能够帮加油站开源、节流、提效率，帮加油站创造价值，帮加油站老板赚到更多的钱。

　　其实在过去的几年中，我们跟加油站的老板之间，跟我们服务的客户之间，也不是说完全没有摩擦，即使这是一个双向利他的事情。因为整个行业也在快速地发生变动，所以可能有一些加油站的一些需求我们没有及时响应到，加油站的老板就会在网上发布一些负面的消息。我觉得这都是正常的，因为这些情况是难以避免的，有多方面的因素。一方面可能确实是我们做得不到位，比如拜访的频次不够等，这就需要我们再提升；另一方面，有些加油站的老板可能不太了解行业的趋势，我们做的对他其实很好的事情，他却觉得我们在占他的便宜，所以这个中间也会有一个市场双向教育的过程。

我们也在跟我们的加油站老板共同成长。比如，所有的加油站老板都可以加我们三个联合创始人的个人微信。我的微信里面现在也有几千位加油站老板。他们平时可能不找你，但是当他遇到什么事需要投诉的时候，他要能够及时找到你，我觉得这是一个非常好的联系方式，也是能够给他们提供更好的服务的一个渠道。

汤明磊：我经常说，产业互联网就是地面战，可能需要4个部队的合一。第一个是陆军部队，它可能是超级销售和客户运营等；第二个是空军部队，它可能是互联网的操盘、IT的架构、有产业手感的 IT 操盘手等；第三个是海军，它可能是供应链的运营；第四个是火箭军，它可能是资本运营。

5 年的时间，能链就覆盖了 1 800 座城市，覆盖了 2 万多家加油站。在这个过程当中，在建设地面能力上，在运营地面能力上，您有哪些心得或者有哪些思考可以分享给产业互联网领域的创业者？

王 阳：你提到的海军、空军、陆军和火箭军，跟我们内部的提法是一样的。我们会把空中的流量、各种各样的线上运营的支持比作"空军"，把我们地面的部队比作"陆军"，把我们的供应链比作"海军"。另外一个"火箭军"，也就是资本的支持，我们在过去几年当中也获得了非常多的资本的投资，我们现在的股东当中有相当一部分都是国资背景的股东。

为什么这么多国资背景的股东会支持我们？因为中国的能源行业未来会有两个走向。

第一个是以中石油、中石化为代表的"两桶油"，它们是国家基础的能源保障的网络，服务也不错，但是没有办法去做基于数字化的更详细的服务区分，比如专门给卡车司机提供的服务，专门给城配车司机提供的服务等。

第二个是以细分服务为基础的保障民生的能源保障网络，能链就是在做这样的一个网络。它非常依赖我们说的地面部队，因为只有他们才真正了解每一个加油站网点服务的司机是什么类型的，他到底需要什么样的服务。比如网约车司机换班点附近的加油站，他需要的是免费洗车服务，因为交班之前司机都要把车洗干净。再比如卡车司机，可能他们的老婆、孩子跟着他们一起在路上，他们的需求绝对不是"两桶油"一刀切的服务模式能够满足的，他们需要更加个性化的服务。

关于建设地面部队这件事，我们内部还有一个小段子。2018年的时候，我们的一个投资人做尽职调查，当时就有人跟他说，"我觉得这家公司的人脑子可能不太好。一家互联网公司搞那么多的地面部队，搞得那么重，未来要是在全国所有的城市都开了，还不得要上千人。"过了两年，我们成为行业第一的时候，投资人又去做访谈，那个人这次跟投资人说"能链为什么能跑得比较快？就是因为能链有地面部队"。

我们从第一天开始就坚定地认为，基于线下场景的能源消费一定离不开地面部队。曾经有一个互联网行业的巨头也做加油站产业互联网，花掉几千万元以后，整个团队就解散了。后来我跟他们团队的负责人聊起这件事，他说他们之前的打法就是没有地面部队，到一个城市派一个人去把加油站接进来，然后这个人就离开了，不停下来做维护。但是加油站本身是一个非常传统的行业，从业者的知识水平普遍没有那么高，还有一些上了年纪的叔叔阿姨们，所以你把加油站接上产业互联网平台后，如果没有落地的团队去给大家经常做培训、做巡检，就不能保证其服务能力。尤其是我们现在做了充电行业，一个充电桩可能上一个小时是好的，下一个小时就坏了，所以需要地面部队随时准备响应。

过去的 5 年多时间里，我们沉淀了一套怎么管理地面部队、怎么去给加油站做服务、出现什么问题怎么去解决的方法论，所以我们的地面部队各方面能力都在加强，也开始经历一个上升、下降的过程。比如，一个城市刚开始是一个新的区域，我们可能就需要投入比较多的人去做地面服务，但是当这个城市的加油站老板、电站老板、用户、车队司机等都已经用习惯了我们的产品以后，我们就会减少一些人，然后把这些人派到更新的区域去。

地面部队的工作其实非常辛苦，可以说绝大部分都是脏活、苦活、累活。我给大家讲一个小故事，有一次，有一个柴油车司机加油的时候不小心下了两单，多付了 2 000 块钱。如果他申请退款，在线支付可能需要 24 小时才能到账，但是对于这个司机来说，这 2 000 块钱可能是他一个月的生活费，而且在一个陌生的加油站，他根本不敢走，他就说"不行，你要立刻给我退款，你不给我退款，我现在就不走了，我就待在这个加油站里面"。遇到这种情况，我们地面部队的人员就直接线下给他退款，然后线上再做退单处理。

汤明磊：您讲了很多真实的故事，只有真正干过的联合创始人团队才能够产生这种真情实感。无论是 7-ELEVEn、汇通达，还是能链，都是强地面运营和强地面管理的团队。这个跟我们实际赋能的对象有关，如果只是单纯地做一些线上的赋能，比如线上预约、线上交付，是没有办法走进他们心里的，所以我们主要干了两件事：赋能和共享。我们通过这两件事把需求端团结成一张网络之后，再反向去问供给端要规模、要效率、要价格，那个时候可能会有大的规模经济出现。

王　阳：您总结得非常对。中国的能源产业的供给侧和需求侧都非常分散，所以他们彼此进行交易的成本会非常高。比如一个有几百家加油站的连锁企业，想要和我们平台上的几千家物流公司合作，如果他们自己去跟这些物流公司谈合作，然后签约，然后做财务结算，再做技术对接……可能他们一个公司的所有人什么都不干也要为这件事忙 5 年。在这个过程中，能链就承担了一个中台的角色。

汤明磊：我觉得这可能是值得所有产业互联网平台跟能链学习的地方，就是共享"规模不经济的事"，再赋能 B 端"规模经济的事"，用这样的方式实现需求侧的网络效应，实现供给侧的规模效应。在这个过程当中，能链做了一张协同网络连接需求侧和供给侧，承担了一个超级接口的角色。

很多人一开始可能都是通过"团油"认识能链，但除了是中国最大的能源产业互联网平台，能链智电的发展也非常迅速。请问在双碳趋势之下，像能链这样的产业互联网平台在油、电的比例和市场的占有过程中实现了什么样的变化？

王　阳：中国从油到电的切换的历史性压力其实非常大。我先说几个数据。首先中国的能源消耗大概占全球的 26%，而在中国的能源消耗中，交通能耗占比大概在 20% 以上，包括高铁、汽车等。中国的交通能耗中，目前大概有 90% 以上都是化石能源。其次中国现在发电总量的 70% 左右还是煤电。

从碳中和方面来讲，中国的交通碳排放占了总量的10.4% 左右，全球的平均值是 16.2%。其实并不是中国交通能耗管得多好，而是因为我们现在的车辆还不够多，公安部交通管理局公布的数据显示，截至 2022 年年底，千人汽车保有量是 213，而世界银行统计的数据显示，美国千人汽车保有量是 837，我们跟美国还有 4 倍左右的增长空间。现在我们的交通碳排放占比没有全球平均值高，是因为我们的车辆还不多。

但是我们是全球的汽车销量第一大国，全球每年卖出的新车总量中大概有 1/3（2 000 万辆左右）是在中国卖掉的。如果按照这个增长趋势，到 2035~2040 年，中国的机动车保有量就会达到 5.5 亿~6 亿辆的一个峰值。届时我国交通碳排放的压力会非常大，并且现在中国的原油 73.6% 是要靠进口的。如果我们不但不控制反而还继续发展油车，我国原油进口的依存度可能会达到 90% 以上。那时我国油价的压力就会更大，所以发展新能源是我国必须和不得不选择的一个基本国策。

按照《新能源汽车产业发展规划（2021—2035 年）》，到 2025 年新能源汽车新车销售量达到汽车新车销售总量的 20% 左右。力争经过 15 年的持续努力，纯电动汽车成为新销售车辆的主流，公共领域用车全面电动化，燃料电池汽车实现商业化应用，高度自动驾驶汽车实现规模化应用，充换电服务网络便捷高效，氢燃料供给体系建设稳步推进，有效促进节能减排水平和社会运行效率的提升。所以，从油到电的趋势是不可逆转的。

在这个过程中，对于用电的新能源车司机而言，最大的痛点其实就是充电。

第一个痛点就是"我担心充不上电"。对于电车司机而言，他们最大的诉求就是"我要知道哪里有充电桩"。因为加油站是能够看得见的，加油站有特许经营权，电站没有特许经营权，电站就一根一米的充电桩插在地上，很难被发现。

第二个痛点是"我担心充电桩不好用"。因为充电桩很容易出现前一分钟好用后一分钟就不好用了这种情况。我们遇到很多车主充完电之后充电枪都不拔，直接拖着电源线就把车开走了，那这个充电桩可能就损坏了。

第三个痛点是"我担心充电等待时间太长"。按照我们平台数据算，一次充电订单的平均时长在 40 分钟左右，如果司机去充电的时候刚好整个充电站的充电桩都是刚刚充上，他可能就要等 40 分钟才能充上电，然后还要等 40 分钟才能完成充电，这是非常高的一个时间成本。

第四个痛点是"我不想下载不同的 App"。据我们统计，中国现在的充电 App 大概有 500 多个，司机去不同的充电站就要下载不同的 App，这也是非常高的一个支付成本。

所以整体来说，电车司机可能希望解决这样几个问题：我要知道哪里有充电桩，我要知道充电桩好不好用，我要知道充电桩的使用状态，我要能够在所有充电站都可以使用通用支付。但是我们已经说过，中国的充电站不是特许经营，这是一个没有门槛并且能够赚钱的行业，所以入局的人非常多。据我们了解，中国现在有 6 000 多家充电站运营商，500多个不同的 App 和小程序。平台就把这些充电站运营商聚合到一起，用户在平台上就可以查询哪里有充电桩，充电桩是不是处于正常使用状态、有没有被占用，然后充电之后扫码支付就可以了。这是我们在下游做的事情。

中游的充电站老板的需求是什么呢？比如，建充电站的时候怎么做规划，买充电桩的时候怎么对接供应链，经营充电站的时候怎么运营、怎么维修，等等。和我们合作的很多充电站老板都有主营业务，充电站一般都是他的第二产业或者第三产业，所以他们通常不会把 100% 的精力投入在经营充电站上。而充电站作为一个全新的行业，也没有专业的成熟的运营群体能够帮充电站老板去经营充电站。一边是自己不懂怎么运营，一边是用户很分散又找不到充电站。这种情况下，充电站老板对于能够为他提供全生命周期服务的需求就更强了。我们就是这样一个第三方服务平台。

早期充电站的老板为什么愿意跟我们合作呢？第一个是在用户侧的迁移，我们会告诉充电站的老板，中国的司机正在发生从油到电的切换，并且是从商用车开始的，而这些商用车的司机绝大部分都是我们的用户。第二个是能链的线上线下的运营能力的迁移，充电站老板不擅长并且不愿意把精力投入到经营方面的事情，而这恰恰是我们擅长的。

中国的整个能源消耗从油到电切换的趋势是不可逆转的。我们预测，2040—2045 年间，中国的油和电（交通工具）会完成一个彻底的切换，电车数量会超过油车，成为主流。但是在此之前，中国的油车整体数量还是在上涨的状态。

汤明磊：能链不仅仅有"油"和"电"，现在已经发展成了一个多业务协同的产业赋能平台。它其实已经不只是一个产业互联网平台，里面涉及供应链、SaaS、物流、金融，以及一些非油品的便利店、企业服务、供应链金融等多个板块。

王　阳：听起来可能很杂，但其实我们所有的业务都是围绕着能源的人、货、场，包括油的生产、输送、储能、消费和回收，电的生产、输送、储能、消费和回收，所有的业务都是围绕着这两条线在做。

❝ 王阳寄语 ❞

我觉得所有产业互联网平台跟产业互联网商户，大家都在承担着让这个行业变得更好的责任，同时也要承担在变得更好的路上这样一个摩擦的过程。

对话薛素文：软硬兼容、数智兼备，农业产业互联网进化之路

国家统计局统计数据显示，2022 年全国生猪出栏 69 995 万头，以此计算，生猪产业链总产值近 4 万亿元。近几年伴随生猪产业主体业务规模的持续扩张，呈现产业链上下游一体化经营发展态势，企业经营的边界逐渐弱化。当前，我国生猪产业存在生产效率低下、交易链条长、金融资源匮乏等难题。产业链各环节都将有较大提升空间和机会，比如企业规模化经营、产业链一体化发展、产业数智化提升等。

农信数智作为农牧行业的数智科技服务商，其母公司农信互联是农业数字经济领域唯一的独角兽，为中小规模养殖

场及农牧服务企业提供 SaaS、AIoT 及农业交易增值服务三大业务平台。农信数智搭建的"猪联网"平台已服务生猪规模超 7 000 万头、870 万涉农群体和 139 万家农牧企业。

汤明磊：您能否简单为我们拆解一下生猪产业链，分为多少个环节，每个环节的企业类型、交易规模和自身痛点有哪些？

薛素文：生猪产业链主要由上游饲料、疫苗、兽药等投入品企业，中游生猪养殖企业，下游生猪屠宰、加工、销售企业构成。

以 2022 年我国生猪产业出栏数据计算，生猪产业链总产值近 4 万亿元。其中上游产业链产值接近 1 万亿元，典型企业包括：新希望、海大、大北农、安佑，中游生猪养殖产值约 1.6 万亿元，典型企业包括：牧原、温氏、正邦，下游屠宰加工企业产值约 1 万亿元，典型企业包括：龙大肉食、雨润、双汇等企业。

当前，我国生猪产业存在生产效率低下、管理监控难度高、交易链条长、金融资源匮乏等难题。具体来看，以代表生猪行业生产效率的 PSY（每年每头母猪生产的断奶仔猪数）指标为例，目前我国平均水平为 20 左右，而荷兰等发达国家 PSY 高达 30 以上；行业集中度方面，2022 年，我国生猪年出栏数在 500 头以下的农户仍有接近 2 000 万户，CR10 生猪出栏量市占率为 20.1%，而在 2017 年美国 CR10 生猪出栏量市占率为 41.0%；从屠宰环节看，我国屠宰行业 CR5（业务规模前 5 名的公司所占的市场份额）占比仅为 5%，美国屠宰行业 CR5 高达 74%。[①]

中国农业是一个小散乱弱的行业，很分散，互联网的作用就是把它们连接起来，数智的价值就是改变它们的生产与交易模式，连接万家猪场为一家，让小猪场享受大猪场的权益，让大企业像小公司一样走向万家猪场，实现最大网络效应与社会价值。

汤明磊：农业是中国数字化渗透率最低的行业，针对这些痛点，农信数智创新地提供了哪些数智化服务？

薛素文：农信数智从创立之初，就把"用数智改变农业"作为使命，结合物联网、大数据、人工智能等新一代信息技术，搭建农业产业数智服务平台企联网–IAP（Intelligent Agriculture Platform），打造数智化产品矩阵，为生猪产业链主体提供包括 MaaS（Management as a Service，产业管理）、DaaS（Device as a Service，智能物联）、TaaS（Transaction as a Service，数字交易）、FaaS（Finance as a Service，金融科技）、产业综合服务（疾病诊断、专业知识学习、交流等）5 个方面的数字化产品和服务。通过搭建产业数智服务平台，公司可为产业链不同类型产业主体提供一站式、数智化的服务，从而提升产业管理效率、生产效率和交易效率，促进产业整体

[①] 数据来自中研普华研究院发布的《2023—2028 年中国生猪养殖行业发展前景及投资风险预测分析报告》。

提质增效。

公司首先通过建立智农圈、智农大讲堂、猪病通、行情宝等内容产品服务广大涉农人群，使他们成为农信数智的粉丝或长期免费用户，并通过自建的销售网络及专业数智服务人员，引导或发展这些用户及其所在的企业关注并购买公司的 SaaS 或 AIoT 等数智服务，公司对这些购买了数智服务的涉农企业进一步提供交易及其他增值服务。

农信数智的供应链模式主要基于企联网 TaaS 系统，以猪场为核心，通过农信商城，为猪场集采投入品，通过国家生猪市场，为猪场卖好猪。主要提供三大增值服务：一是智能撮合，即依托平台流量资源与算法能力，智能撮合供需双方需求，通过双方的系统即可完成交易下单、付款及相关履约服务；二是农信优选，即优选农信商城的品牌商家及品质产品，将其认证为农信优选产品并全网推广，其中农信优选中的顶级产品被认定为"猪联 1 号"并作为农信爆品，集中线上线下资源重点推广；三是农信集采，即反向供应链模式，依托农信会员体系及用户网络，集聚下游众多客户小单再统一向上游供应商订货，让小客户享受大企业的权益。

汤明磊：越来越多的产业互联网平台正在从产业供应链服务商、产业信息化服务商升级成为产业科技服务商，科技含量在产业互联网平台的重要性也日益凸显，您是怎么看待科技在产业互联网平台中的价值的，农信数智是否在科技赋能上有所布局？

薛素文：非常赞同您的总结，我觉得产业互联网平台的使命就是提升中小企业的数智竞争力，包含了三个关键能力，即管理数字化、生产数智化、交易在线化。管理数字化是从流程管控到算法赋能，实现管理的去中心化；生产数智化是从人工作业到设备智能，释放设备生产力；交易在线化是依托智能匹配及履约平台，实现线上化、透明化、数智化的交易革命。

其中"猪小智"打造了国内首个 3D 数字孪生猪场，基于农芯 IOT 开放平台、农芯 Loki 算法平台两个技术底座，通过 3D 数字孪生猪场远程化操控猪场，实现 AI 巡检、洗消监管、精准饲喂、智能能耗、智能环控、数智监管、远程卖猪、AI 盘估八大智能化应用场景。"猪小智"构建了软硬智一体化平台，为传统猪场带来了崭新的可能性。

"农芯 AI 云盒"是一款专为养殖场景而生的监管设备，由农信数智自研算法赋能，实现了 AI 监控、异常检测警报、数据可视分析、远程升级管理、实时直播回看等功能，为猪场监控装上大脑，助力养猪业向科学、智能化挺进。

"猪小慧"则是国内第一个农牧领域的行业大模型，为猪场管理提供了前所未有的智能化和数据驱动的解决方案。它通过结合人工智能 GPT 和生猪大模型垂直数据，提供智能行情预测、智能疾病监测、智能饲养管理和智能决策支持；利用生猪大模型，系统能够监测猪群的健康状况，自动识别异常迹象，提前预警潜在的疾病暴发，帮助生猪养殖户采取措施减少疾病传播。它还能够系统分析猪的饮食习惯，活动水平以及其他生产参数，帮助农场主更好地调整饲养计划，提高生产效率。

汤明磊：国联从涂多多到玻多多、卫多多、纸多多、肥多多、粮油多多的多多军团，实现了做多产业品类、做高产业层级、做深产业链条三级增长飞轮，未来农信数智的可持续增长路径在哪里？

薛素文：农信数智的可持续增长动力来自增户数、挖深度、扩品类三级增长飞轮。增户数是指从中等养殖企业，向上下衍生，向下给小 B 提供交易增值服务，向上给大 B 提供数智化定制服务。挖深度是指从 MaaS、DaaS、TaaS 到交易增值服务，为用户提供联营、优选、集采等高附加值采销服务。扩品类是指农信数智本来也在猪联网之后，布局孵化了蛋联网、羊联网、柑橘联网、玉米联网、驴联网等联网军团。

❝ 薛素文寄语 ❞

消费互联网是纯粹的互联网技术，解决的是需求侧的问题。产业互联网是互联网技术加新一代数智技术，解决的是供给侧的问题。产业互联网平台的使命就是提升中小企业的数智竞争力，包含三个关键能力，管理数字化、生产数智化、交易在线化。